Research on Technological Innovation Paths for the Transformation and Upgrading of Chinese Equipment Manufacturing Industry under the Dual Carbon Target

双碳目标下我国装备制造业转型升级技术创新路径研究

邓小华 著

中国科学技术大学出版社

内容简介

围绕我国装备制造业在双碳目标下亟须转型升级的问题,从制度创新和科技创新两个方面出发,系统分析了环境规制、科技创新以及二者协同对装备制造业转型升级的影响机理。同时,基于行业和地区两个维度,选取相关面板数据,对装备制造业整体行业、细分行业进行分析,有助于政府制定合理的产业政策,实现环境保护与装备制造业转型升级的双赢。本书可供装备制造业从业者、相关研究人员及决策者参考。

图书在版编目(CIP)数据

双碳目标下我国装备制造业转型升级技术创新路径研究/邓小华著. —合肥:中国科学技术大学出版社,2024.4

ISBN 978-7-312-05815-8

Ⅰ. 双… Ⅱ. 邓… Ⅲ. 制造工业—产业结构升级—研究—中国 Ⅳ. F426.4

中国国家版本馆 CIP 数据核字(2023)第 244489 号

双碳目标下我国装备制造业转型升级技术创新路径研究
SHUANGTAN MUBIAO XIA WOGUO ZHUANGBEI ZHIZAOYE ZHUANXING SHENGJI JISHU CHUANGXIN LUJING YANJIU

出版	中国科学技术大学出版社
	安徽省合肥市金寨路96号,230026
	http://press.ustc.edu.cn
	https://zgkxjsdxcbs.tmall.com
印刷	安徽省瑞隆印务有限公司
发行	中国科学技术大学出版社
开本	710 mm×1000 mm 1/16
印张	5.75
字数	106千
版次	2024年4月第1版
印次	2024年4月第1次印刷
定价	40.00元

前　言

　　装备制造业是为国民经济和国防建设提供各类技术装备的各类制造业的总称，其绿色发展对于我国综合实力提升与生态文明建设具有重大意义。目前，虽然我国装备制造业持续快速发展，外商直接投资额不断提升，但是以规模扩张为主的外延式发展模式，在推动经济发展的同时带来了巨大的资源、能源消耗和环境污染问题。在开放和绿色的新发展理念下，我国提出了"碳达峰""碳中和"的双碳目标，本书围绕我国装备制造业在双碳目标下亟须转型升级的问题，从制度创新和科技创新两个方面出发，分析了环境规制对装备制造业转型升级的影响，有助于政府制定合理的产业政策，实现环境保护与装备制造业转型升级的双赢，早日达成碳达峰、碳中和的目标。

　　首先，本书在梳理相关文献的基础上，界定了研究对象，阐释了外部性、波特假说、创新等相关理论，分析了装备制造业在环境规制、科技创新以及产业发展方面的总体概况及存在的主要问题。其次，本书分析了环境规制、科技创新以及二者协同对装备制造业转型升级的影响机理，分别构建了三个模型：环境规制对装备制造业转型升级的影响模型（模型Ⅰ）、科技创新对装备制造业转型升级的影响模型（模型Ⅱ）、环境规制与科技创新二者协同对装备制造业转型升级的影响模型（模型Ⅲ）。最后，基于行业和地区两个维度，本书分别选取相关面板数据，对装备制造业整体行业、细分行业、东部、中部、西部地区分别进行实证回归分析。

　　本书研究结论如下：

　　（1）从总体现状来看，虽然我国装备制造业发展呈稳步上升态势，但仍面临自主创新能力不足、环境规制日趋严格、产能过剩等问题。

　　（2）从整体行业来看，环境规制对装备制造业转型升级的影响呈现显著的U形非线性关系,表现为先抑制后促进;科技创新对装备制造业转型升级有显著的正向促进作用;环境规制、科技创新二者协同对装备制造业转型升级有抑制作用。

（3）从细分行业来看,通过实证回归分析可知,环境规制、科技创新以及二者协同对装备制造业不同细分行业转型升级的影响存在差异,其中环境规制对装备制造业不同细分行业转型升级的影响呈现出U形和倒U形特征;科技创新对装备制造业不同细分行业转型升级具有正向促进作用;环境规制、科技创新二者协同对装备制造业不同细分行业转型升级的影响呈现出促进和抑制两种状态。

（4）从东部、中部、西部地区来看,环境规制对东部和西部地区装备制造业转型升级的影响呈现出显著的U形特征,对中部地区的影响呈现出非显著的倒U形特征;科技创新对东部地区装备制造业转型升级具有显著的正向影响,对中部、西部地区装备制造业转型升级具有非显著的正向影响;环境规制、科技创新二者协同能促进东部、西部地区装备制造业转型升级,但是对中部地区装备制造业转型升级具有抑制作用。

根据实证结果,本书提出了加大创新投入、优化环境规制体系、树立制度创新和科技创新协同发展意识、推动产业结构朝着绿色、高端、智能化方向发展的对策与建议。

本书出版得到安徽省高校智库"安徽生态与经济发展研究中心"资助。希望本书能对装备制造业的转型升级起到一定的借鉴与启发作用。

鉴于本人水平有限,书中难免存在不足与疏漏之处,恳请广大读者批评指正。

邓小华

2023年5月

目　录

前言 …………………………………………………………………（ⅰ）

第一章　绪论 ………………………………………………………（1）
　第一节　研究背景和意义 …………………………………………（1）
　第二节　国内外相关研究 …………………………………………（6）
　第三节　研究内容和方法 …………………………………………（11）

第二章　研究边界界定与理论基础 ………………………………（15）
　第一节　研究边界界定 ……………………………………………（15）
　第二节　与绿色经济及绿色技术创新相关的理论基础 …………（21）

第三章　环境规制、科技创新与装备制造业发展现状分析 ……（32）
　第一节　装备制造业环境规制概况 ………………………………（32）
　第二节　装备制造业环境治理效果 ………………………………（34）
　第三节　装备制造业科技创新概况 ………………………………（38）
　第四节　装备制造业产业发展概况 ………………………………（42）
　第五节　装备制造业发展面临的问题 ……………………………（45）

第四章　影响机理分析与模型构建 ………………………………（49）
　第一节　影响机理 …………………………………………………（50）
　第二节　数据来源与说明 …………………………………………（56）
　第三节　模型构建 …………………………………………………（57）
　第四节　变量选取 …………………………………………………（58）

第五章　对装备制造业的实证分析 …………………………………（64）
第一节　对装备制造业整个行业的实证分析 ……………………（64）
第二节　对装备制造业细分行业的实证分析 ……………………（67）

第六章　促进装备制造业转型升级的对策与建议 ………………（69）

附表 ……………………………………………………………………（73）

参考文献 ………………………………………………………………（81）

第一章 绪 论

第一节 研究背景和意义

一、研究背景

20世纪以来,世界经济飞速发展,人类在享受丰硕物质成果的同时,也面临着巨大的能源危机和环境污染问题。2019年,全球能源消费总量占比为石油32%、天然气24%、煤炭28%、新能源16%,世界能源形成油、气、煤、新能源"四分天下"的新格局,但新能源消费市场仍然具有较大的提升空间。

从国内来看,我国传统的高消耗、高污染的发展模式弊端日益显现,亦难以为继。2019年,我国全年能源消费总量为48.6亿吨标准煤,比2018年增长3.3%,占全球总量的24.3%。煤炭消费量增长1%,原油消费量增长6.8%,天然气消费量增长8.6%,电力消费量增长4.5%。10年来,能源消费总量持续上升,其中2019年较2010年增长了12.5亿吨标准煤。目前,我国单位国内生产总值(Gross Domestic Product,GDP)能耗是世界平均水平的1.5倍,是发达国家的2.1倍,节能提效空间巨大。

目前,越来越多的国家正在转换国家战略,提出了无碳未来的愿景。根据Climate News网站汇总的信息,以下国家和地区设立了净零排放或碳中和的目标:我国在2020年9月22日向联合国大会宣布,在2030年之前达到排放峰值,并采取更有力的政策和措施,努力在2060年实现碳中和;加拿大总理特鲁多于2019年10月连任,其政纲以气候行动为中心,承诺净零排放目标,并制定具有法律约束力的五年一次的碳预算;2019年2月,时任哥斯达黎加总统克萨达制定了一揽子气候政策,同年12月向联合国提交计划确定2050年净排放量为零;根据2019年12月公布的"绿色协议",欧盟委员会正在努力实现整个欧盟2050年净零排放目标,该长期战略于2020年3月提交联合国;作为2017年联合国气候峰会的主席国,斐济为展现领导力作出了额外的努力,2018年,这个太平洋岛国向联合国提交了一份计划,目标是在所有经济部门实现碳净零排放;法国于2019年6月27日将净零目标纳入法律。新成立的气候高级委员会建议法国必须将减排速度提高3倍,以实现碳中和目标;德国第一部主要的气候法于2019年12月生效,这部法律的导语指出,德国将在2050年前达到温室气体中和;匈牙利在2020年6月通过的气候法中承诺,到2050年达到气候中和;爱尔兰的三个政党同意在法律上设定2050年的净零排放目标,在未来10年内每年减排7%;日本政府于2019年6月在主办20国集团领导人峰会之前批准了一项气候战略,主要研究碳的捕获、利用和储存,以及作为清洁燃料来源的氢的开发;马绍尔群岛在2018年9月提交给联合国的最新报告中提出,到2050年实现净零排放的愿望,尽管当时并没有具体的政策来实现这一目标;新西兰最大的排放源是农业,2019年11月其通过的一项法律为除生物甲烷(主要来自绵羊和牛)以外的所有温室气体设定了净零目标,到2050年,生物甲烷将在2017年的基础上减少24%~47%;挪威是世界上较早讨论气候中和问题的国家之一,其希望通过国际抵消在2030年实现碳中和;与日本一样,新加坡也没有承诺明确的脱碳日期,但将其作为2020年3月提交给联合国的长期战略的最终目标;斯洛伐克的目标是到2040年,内燃机车将逐步淘汰,取而代之的是电动汽车,在2050年实现气候中和;南非政府于2020年9月公布了低排放发展战略,其中提到到2050年成为净零经济体的目标;韩国执政的民主党在2020年4月的选举中以压倒性优势重新执政,选民们支持其"绿色新政",即在2050年前使经济脱碳,并结束煤炭融资,这是东亚地区第一个此类承诺,对全球第七大二氧化碳排放国来说也是一件大事,韩国约40%的电力来自煤炭,它一直是海外煤电厂的主要融资国;西班牙政府通过提交气候框架法案草案并设立监督委员会,以禁止新的煤炭、石油和天然气勘探;2017年,瑞典制定净零排放目标,将不少于85%的减排目标由国内政策、国际减排来实现;瑞士打算在2050年前实现碳净零排放,完成减排70%~85%的目标;英国在2008年已经通过了一项减排框架法,因此设定的净零排放目标很简单,只需将80%改为100%;苏格兰的议会制定了一项法案,在2045年实现净零排放,这基于苏格兰强大的可再生能源和在枯竭的北海油田储存二氧化碳的能力;根据乌拉圭提交的联合国公约国家报告,预计其在2030年成为净碳汇国。

作为碳排放大户,2019年我国碳排放量仍增长了3.1%,而在签署联合国《1.5℃商业目标承诺》的407家公司中,仅有京东物流、三七互娱、鸿海精密等8家中国公司，占比不到2%，和智利并列居全球16位，我国碳中和之路任重道远。

纵观碳中和天平的两端，一头是植树造林以提升大自然对二氧化碳的吸收能力；另一头是节能减排，利用疏堵结合的方式减少人类社会的二氧化碳排放。国家的顶层设计早有明示，即以经济社会发展全面绿色转型为引领，以能源绿色低碳发展为关键，加快形成节约资源和保护环境的产业结构、生产方式、生活方式、空间格局，坚定不移地走生态优先、绿色低碳的高质量发展道路。实现碳中和，进入零碳时代，需要国家顶层设计、企业具体执行、个人身体力行等全方位的努力与合作。从源头来看，碳就是石油、煤炭、木材等由碳元素构成的自然资源，它们的燃烧产生了二氧化碳，碳耗用得多，二氧化碳也就制造得多。

20世纪以来，随着我国工业社会的快速发展，二氧化碳的排放量也在持续增加，当前我国产业结构、能源结构偏重煤。化工、建材、钢铁和有色四大高载能行业能源消费量占全社会的比重一直约为30%。煤炭消费占比虽呈下降趋势，2018年跌入60%以内，但短期内煤炭仍是我国主要的能源来源。调整国家能源结构，利用水电、风能等可再生能源以及核能等清洁能源取代化石燃料能从根源上"堵住"碳的排放。但"堵"不是"一刀切"，不能"蒙眼"瞎堵。疏通清楚每一克碳的来龙去脉，实现碳管理是实现"堵住"碳排放的基础。

具体到能源行业，碳管理体现在对能源生产效率的精细化管理。而数字技术和能源技术的创新融合，可以精细管理能源生产、传输、储备、使用的各个环节，提升碳的消耗效率，从而减少碳排放，进而加速我国碳中和的建设。能源转型委员会(Energy Transitions Commission，ETC)与落基山研究所(Rocky Mountain Institute，RMI)联合发布的《中国2050：一个全面实现现代化国家的零碳图景》报告中提到，实现净零排放需要电力部门完全脱碳，需要将电力用量从2018年的仅7万亿千瓦时大幅提高到2050年的15万亿千瓦时左右。其中，约75%的电力来自风能和光伏，并通过提升电网灵活性、发展储能设施、强化需求侧响应等手段实现电力供需平衡。而在传统的电能生产模式下，电力生产商仅关注"瓦特流"，"发、输、配、储、用"节点之间彼此孤立，难以协同，且全链路存在大量"哑设备"，导致电力生产效率低、能源效率低、运维效率低。而引入第五代移动通信网络(5th Generation Mobile Communication Technology，5G)、人工智能(Artificial Intelligence，AI)、大数据、物联网(Internet of Things，IoT)等数字化技术，并将其与电力电子技术创新性地融合的能源数字化则能通过在网络中管理电力生产，实现全链路的互联化、数字化和智能化协同，让电力生产效率、运维效率、能源效率最大化。

数字能源不仅能在能源生产端发挥巨大的作用，也在能源消费端同样发挥相当重要的作用。随着数字世界的快速发展,电信基站、数据中心、站点数量都在激增,这带来了更高的电能消耗,以某运营商为例,根据未来5年5G建设计划预测,以其传统方式建设站点将带来34%的运营成本(Operating Expense,OPEX)增长,其中电费是主要增长因素。而全中国数据中心的耗电量仅在2018年就超过了1600亿度,相当于一个大型城市全年总用电量,减少通信基础设施、数据中心、站点的能源消耗对减少碳排放有着重要意义。世界多个领先的运营商、科技公司、石油企业都将实现碳中和作为重要的战略目标,比如Vodafone、Orange提出在2040年实现净零排放;Telefonica的目标为2030年实现净零排放;谷歌提出在2030年之前,实现在全球所有数据中心和园区全天候使用无碳能源;微软承诺到2030年成为负碳公司。

零碳社会是碳中和工作最终的成果,在这个社会中,人类生活、生产产生的所有温室气体都能被大自然完全吸收,实现排放与吸收的平衡,包括零碳能源、零碳交通、零碳建筑、零碳企业、零碳家庭等多个方面。我国的"十四五"大幕已拉开,"十四五"时期既是我国经济增长速度换挡期、结构调整阵痛期、前期刺激政策消化期"三期叠加"的关键时期,也是实现碳达峰目标的关键时期。要实现碳中和就必须构建清洁、低碳、安全、高效的能源体系,控制化石能源总量,着力提高利用效能。这其中,无一不需要能源数字化。能源数字化能够使传统能源"源、网、荷、储"独立建设的模式演进至统一架构、统一管理、综合应用的一体化综合智慧能源系统,使整个能源系统自组网和云化智能管理,实现全链路的统筹、协调和优化,极大地提升能源利用效率,降低用能成本。同时,将其逐步推进到园区、家庭、数据中心、网络、出行、工厂等细分场景的零碳化建设,充分发挥绿色产业动能优势。

AI、大数据、IoT等数字化新技术与新能源汽车、智能出行平台的进一步结合,使整个交通系统更加智能、环保、低碳。通过AI和大数据技术,可以使用更精准的电化学模型,提升储能管理精度,提高储能系统寿命,降低风险预测,实现AI自错峰。IoT技术融入人们的生活中,实现家庭用电、用气的可视化和自动调节,全面帮助人们养成低碳生活的习惯。如今,越来越多的案例证明了数字技术的创新可以为人类社会面临的新问题带来新的解决方案,我们也相信,能源数字化技术最终也将促成零碳社会的全面实现。

近10年来,全球装备制造业从传统制造向高端制造转型,且整体发展增速高于全球GDP平均增速,对全球经济的直接拉动作用非常明显。我国装备制造业对经济发展的推动作用更加明显。2020年,我国装备制造业增加值占工业增加值的比重达到33.7%,成为带动、引领产业结构优化升级的重要力量。装备制造业作为工业的心脏、国民经济的生命线,是为国民经济各部门提供工作母机的产业,既是支撑国家综合国力的基础,也是带动相关产业发展的重要基石,更是各国产业竞争的制高点,是大国参与全球产业分工、争夺全球产业链最上游的角力场。"十三五"时期是我国装备制造业提质增效、转型升级的重要时期,工业机器人、高端数控机床、工程机械等重点装备制造领域均取得了显著成就。"十四五"时期我国装备制造业的竞争要素会持续发生变化,从劳动密集到强研发,从国内竞争到进一步拼抢国际市场份额。

现阶段我国装备制造业大而不强的特征明显,综合竞争力有待进一步提高。装备制造业整体上仍被锁定在全球产业链分工体系的中低端和创新链外围,自主创新能力不足,中低端产品较多,产能过剩。由于长期依赖于粗放型发展模式,单位产品能耗高,在其规模效益不断增长的同时,直接或间接地带来了对生态环境的破坏,从而阻碍了其产业转型升级和全球价值链提升。《工业绿色发展规划(2016—2020年)》及《装备制造业标准化和质量提升规划》明确提出,要积极发展绿色制造,培育新动能,促进装备制造业高质量发展。装备制造业需要在转型的过程中注重生态环境和经济效益的统一,将以往粗放型经济增长模式转变为绿色低碳增长模式,建立与社会生态环境长期共存的发展目标。党的十九大报告明确提出,加快发展先进制造业,推动互联网、大数据、人工智能和实体经济深度融合。2020年9月,习近平主席在第七十五届联合国大会上提出,二氧化碳排放力争于2030年前达到峰值,努力争取2060年前实现碳中和。当前,我国开启了全面建设社会主义现代化国家新征程,实现碳达峰、碳中和对于促进高质量发展至关重要。

基于此,在全球制造业呈现智能化、高端化、绿色化、服务化发展的趋势下,本书基于目前提出的碳达峰、碳中和目标,以装备制造业为研究对象,以环境规制和科技创新为切入视角,研究政府的环境规制、科技创新以及二者协同对装备制造业转型升级的影响,从而为政府相关部门制定产业转型升级政策提供参考。

二、研究意义

我国经济正在步入高质量增长阶段,增速放缓,追求经济、社会、生态三重价值协调发展。随着新一代信息技术的迅速发展,以及其与传统制造业融合创新,制造业数字化转型在新一轮全球产业变革中扮演着愈发重要的角色。装备制造业作为国之重器,产品关联性强,是国民经济发展的重要支柱产业。我国装备制造业正不断努力向绿色智能化、数字化转型,将绿色制造贯穿设计、生产等产品生命周期的各个环节。因此如何将环境规制、科技创新和装备制造业纳入统一的研究框架,探究环境规制、科技创新以及二者协同对装备制造业转型升级的影响，具有重要的理论和现实意义。

全球装备制造业逐渐从传统制造向高端制造转型，且整体发展增速高于全球 GDP 平均增速，成为拉动全球经济发展的重要动力。装备制造业是一个国家制造业的脊梁，要加大投入、加强研发、加快发展，努力占领世界制高点、掌控技术话语权，使我国成为现代装备制造业大国。装备制造业作为现代制造业的核心部分，其发展尤为重要，体现着一国经济发展的水平。在相关政策的大力支持下，我国装备制造业总体呈现出良好的发展态势，总产值跃居世界第一位，进入世界装备制造业大国行列。2021 年，我国装备制造业增加值增长 12.9%，占规模以上工业增加值的比重达到 32.4%，成为带动、引领产业转型升级的重要力量。

1. 理论意义

当前针对装备制造业转型升级的研究处在不断摸索中，本书在对相关文献梳理和总结的基础上，在研究影响装备制造业转型升级的因素时，除了重点聚焦于产业融合、信息化、智能化、创新驱动以及全球价值链嵌入等不同方面，还从环境规制、制度创新和科技创新的视角出发，选取装备制造业作为研究对象，通过研究环境规制、科技创新以及二者协同对装备制造业转型升级的影响机理，丰富了关于"波特假说"的研究内容，有效补充了装备制造业转型升级研究的内容，为构建装备制造业转型升级的政策体系提供理论支撑。

2. 现实意义

本书以实现我国装备制造业的高质量转型升级发展为最终目标，通过实证分析，基于行业和地区两个维度，探讨不同行业和地区的环境规制、科技创新对装备制造业转型升级的影响与作用，有助于政府在协调好环境规制与科技创新的前提下，制定合理的产业及环境规制政策，以推动装备制造业向绿色化和智能化发展，实现环境保护与装备制造业转型升级的双赢。

第二节 国内外相关研究

一、环境规制对产业转型升级的影响

环境规制对产业转型升级的研究，主要有以下三种不同的观点：

一是积极效应论。Porter 等（1995）认为适度的环境规制能够产生创新补偿效应，倒逼企业进行自身结构调整，从而促进生产率的提高。Burton 等（2011）发现环境规制支出对纸浆和造纸行业的市场结构优化升级有促进作用。

程中华等(2017)认为环境规制可以通过壁垒效应、转移效应、补偿效应以及替代效应等作用于产业结构升级,并利用285个地级市进行空间计量回归,发现环境规制对城市产业结构升级具有正向影响,并且存在阶段效应。袁晓玲等(2019)、Wang等(2019)、刘和旺等(2019)、Meng等(2020)认为环境规制对产业升级有积极作用,他们突破了现有文献有关环境规制的设计,论证了企业管理者的政府环境规制压力越大,企业越会进行技术创新转型升级。

二是抑制效应论。传统成本假说的观点认为环境规制使得企业成本增加,导致企业竞争力下降,不利于产业转型升级(Roberts,1983;Gray,1987;Jaffe et al.,1997)。金刚和沈坤荣(2018)基于地方政府执行层面,认为相邻城市由于逐底竞争等行为,使得污染型企业在面对政府的环境规制时,会偏向进行迁址,形成以邻为壑的增长模式,长期来看不利于地区生产率的提升。李强和丁春林(2019)通过选取长江经济带108个城市,发现环境规制的壁垒效应对当前长江经济带的产业升级具有抑制作用,并且存在空间溢出效应,邻地的环境规制手段对长江经济带的产业升级也具有负面影响。

三是非线性关系论。有学者基于技术复杂度视角,认为环境规制在不同阶段对产业升级的影响效果不同,环境规制对东部地区的促进作用强于中、西部地区,而且相比于行政化规制工具,市场化规制工具更能够促进产业升级。钟茂初等(2015)利用省级面板数据实证得出环境规制对产业升级具有门槛效应。程晨和李贺等(2018)基于非均衡增长模型,通过理论分析与实证检验,发现环境规制对东部地区的影响呈现非线性U形,对中、西部地区的影响并不呈现非线性。高明和陈巧辉(2019)研究发现,命令型、激励型和自愿型三种不同类型的环境规制对产业升级的影响效果有着较大差异,总体而言,三者的影响趋势为N形或倒N形,并且存在空间异质性,东、中、西部地区之间三种类型的环境规制影响存在明显差异。林秀梅和关帅(2019)、孙玉阳等(2020)、毛建辉和管超(2020)、宋德勇和赵菲菲(2018)认为环境规制对生产率的提升以及产业升级是非线性的,只有在合适的区间内才能够发挥作用。

二、科技创新对产业转型升级的研究

创新理论认为科技创新是产业转型升级的主要动力。不论是理论研究还是实证分析,专家学者普遍认为科技创新能够正向驱动产业升级。

一是理论研究方面。有学者认为技术创新与产业结构升级是一个动态演变、不断循环的过程。从中小型企业的视角来看,政府应创造一个良好的创新环境,使中小企业能够与高科技企业互动和学习,这有助于促进地区产业的转型升级。影响技术创新的因素有很多,如经济结构改变、制度不断完善等,其可以推动产业结构优化升级,而产业结构优化升级后又会催生新的技术,促使技术创新水平不断提高。周霞和王雯童(2020)发现工艺创新和产品创新能够促进高技术产业升级,产品创新在全国层面能够发挥完全中介作用,但按照不同地区科技创新水平指数划分梯队,产品创新在不同梯队发挥的中介作用存在不同。李鸿磊等(2018)从商业模式的视角,基于跨界构建价值网络并进行分析,认为加快创新成果转化能够促进产业结构升级。

二是实证分析方面。Peneder(2003)通过实证研究得出创新能够提高劳动生产率,进而促进其升级。并采用因子分析法得出技术创新对产业升级具有促进作用,但是格兰杰因果关系显示产业升级对技术创新没有显著促进作用。付宏等(2013)利用2001—2011年我国省际面板数据,实证分析得出创新对产业结构高级化升级具有推动作用,并对10个省份的数据进行数据包络分析(Data Envelopment Analysis,DEA),表明创新对产业结构升级不具有显著的地区差异。纪玉俊和李超(2015)通过设定空间权重矩阵,构建空间误差模型,利用2003—2012年我国省际面板数据,实证分析得出科技创新对地区产业结构升级具有显著且稳定的促进作用,同时空间溢出效应对产业升级有重要作用。卢子宸和高汉(2020)通过PSM-DID方法,利用2008—2017年我国218个地级市的经济数据进行实证研究,结果表明"一带一路"科技创新合作对产业结构合理化具有显著的正向效应,但对产业结构高级化的促进作用效果不明显,同时科技产业合作对产业结构合理化存在地区异质性。刘在洲和汪发元(2021)基于杜宾模型,利用长江经济带2003—2019年的数据,实证分析得出绿色科技创新短期内对产业升级具有显著的促进作用。

三、环境规制、科技创新二者协同对产业转型升级的研究

现有文献关于三者的研究主要集中在将科技创新作为中介变量,有关环境规制与科技创新二者协同对产业转型升级的影响的研究较少。但环境规制作为一种制度约束,可以从制度角度出发,探究制度和科技创新二者协同对产业转型升级的影响。部分学者从宏观层面进行了研究。

一是基于行业维度。周小亮和李婷(2017)通过构建博弈模型,探究了制度和技术创新二者协同演化的均衡条件。赵玉林和谷军健(2018)分析了技术与制度的协同互动机制,并实证检验了二者对高技术产业生产率升级的协同效应,结果表明政府干预程度、市场发育以及产权制度创新与技术创新的协同效应大小不同。赵领娣和徐乐(2019)采用系统GMM对35个工业行业进行分析得出,现阶段工业行业整体环境规制水平较低,并从投入产出的视角分析发现,在技术研发阶段,环境规制与创新资金投入产生正向协同效应,存在行业差异

性。朱东波(2020)基于行业污染异质性,通过 SYS-GMM 方法得出投资型环境规制对工业结构绿色转型表现为 U 形,目前处于抑制阶段,技术创新对其也具有负向影响,但技术创新和环境规制的交乘项即协同效应对工业结构绿色转型具有促进作用。

二是基于地区维度。沈琼和王少朋(2019)将我国中部六省作为研究对象,指出制度创新和技术创新均能促进中部地区第二产业转型升级,且创新对我国中部六省的产业转型升级效率没有达到帕累托最优状态,有待进一步改进。周柯和王尹君(2019)通过面板门槛模型发现,当一个地区的创新水平较低时,环境规制与科技创新的协同作用不利于当地的产业结构调整,只有当创新水平超过某个门槛值时,二者结合后对产业升级具有正向影响。上官绪明和葛斌华(2020)将 278 个城市作为样本,基于 FLGS 回归得出环境规制和科技创新两个变量能够促进经济高质量发展,且二者存在协同效应,能够共同促进经济发展质量的提升。黄寰等(2020)选取长江经济带地区为样本,从经济效益、产业协调、创新等方面对其进行分析。

四、装备制造业转型升级影响因素研究

装备制造业作为制造业的核心,产业关联度高,为其他行业提供技术装备,是国民经济发展的基础产业。目前,学者在研究关于装备制造业转型升级的影响因素及路径时,从多个角度出发,综合已有学术研究成果,大致可分为以下几个方面:

一是基于产业融合视角。高智和鲁志国(2019)先测度了各地区高技术服务业与装备制造业的产业融合度,发现现阶段二者融合度低,通过面板 Tobit 模型,发现二者的产业融合能够促进装备制造业全要素生产率的提升。綦良群和高文鞠(2020)以东北地区为研究范围,选取地区典型的装备制造企业,经研究后发现,产业融合系统的基础要素、融合主体、融合环境、融合网络特性等均能够促进装备制造业绩效的提升。

二是基于创新驱动视角。吕富彪(2014)指出构建技术创新体系有利于促进装备制造业的发展。单勤琴(2020)基于四个维度、六个指标测度了我国 30 个省区装备制造业的产业结构升级程度,并从空间关联的视角进行研究,发现开放式创新中的区域协同创新模式对装备制造业产业升级在长期内的影响更显著。

三是基于全球价值链视角。潘秋晨(2019)选取 1995—2014 年的面板数据,发现全球价值链能够借助竞争效应、技术外溢效应等途径促进装备制造业转型升级。郑国姣和常冉(2019)基于新型全球价值链视角,测度了装备制造业

细分行业投入服务化水平以及绿色全要素生产率，经实证研究发现，制造业服务化水平能够促进装备制造业的企业绿色全要素生产率的提升。

四是基于信息智能服务化视角。刘婵媛和李金叶（2020）以绿色创新效率衡量装备制造业转型升级，从产业生态的视角出发，运用SBM-Tobit模型实证得出信息通信技术的应用能够促进装备制造业绿色创新发展，推动其转型升级。王层层（2020）采用系统动力学方法研究辽宁省传统装备制造业转型升级与智能化建设，通过模拟仿真发现，辽宁省需要重视内部影响因素的投入强度，只有加强创新投入，才能驱动产业转型升级，要培养智能综合人才，促进智能制造。

五、数字经济对制造业转型升级的影响

学者多以产业结构高度化和合理化为衡量指标，在产业转型升级机理分析的基础上验证各影响因素对产业升级的显著性。在互联网与制造业的融合中，有学者认为，互联网能够推动制造业产业结构向高度化和合理化方向发展，能够创新产业模式，推动企业发展向中高端方向迈进。还有学者以我国经济发展新常态和增速放缓为背景，从要素配置演化差异、产业升级驱动演化及经济质量增长三个方面阐述数字经济对高质量经济发展的影响。余姗等（2021）通过构建多渠道机制下数字经济影响出口贸易的理论模型，分析得出数字经济对出口技术复杂度提升具有显著促进作用，但对不同地区来说，数字经济空间溢出效应不同。张艳萍等（2021）将数字经济纳入全球价值链分析框架，认为数字经济对全球价值链各环节的升级具有促进作用，但是对资本和技术密集型行业的作用呈现出先抑制后促进的效应。吴画斌（2021）认为在制造业转型升级的过程中，工业大数据相关机制的保障发挥重要作用。韦庄禹等（2021）经过研究发现，数字经济已经成为制造业高质量发展的重要推动力量，对我国东部、西部和南部地区的促进效应更显著。

六、文献述评

综上所述，可以看出：

第一，关于装备制造业转型升级的影响因素，目前学者已围绕多个角度进行相关研究，从服务业、高技术产业与装备制造业产业互动融合的视角，全球价值链嵌入视角，创新驱动视角，智能信息化视角等探究其对装备制造业转型升级的影响。但并未考虑环境规制因素，从当前碳达峰、碳中和角度出发研究装备制造业转型升级的较少，这为本书的研究提供了新的切入点。

第二,在关于环境规制与产业转型升级的研究中,学者主要从行业和区域层面出发,研究了二者之间的直接效应及面板门槛效应。由于各学者的研究对象、方法以及对数据变量的选取方式不一致,研究结论并不统一,但主要有促进、抑制以及非线性三种关系。此外,在关于科技创新对产业转型升级的研究中,学者研究了不同的创新模式以及创新作用于产业转型升级的路径,他们普遍认为创新能够对产业转型升级产生正向驱动作用。

第三,关于环境规制、科技创新和产业转型升级三者之间的研究较少,大多学者研究环境规制与科技创新二者之间的关系,或将科技创新作为中介变量,且进行的实证研究大多采用整个制造业等大型行业的数据,但制造业的子行业众多,其各自发展情况、技术创新能力、劳动密集程度和环境影响作用均有显著不同。现有研究并未涉及不同子行业所具有的异质性,因而研究结论各有不同,缺乏实际指导意义。可见,这为本书提供了研究方法和进一步研究的视角。

本书在碳达峰、碳中和的背景下,以装备制造业为研究对象,从环境规制、科技创新以及二者协同切入,研究政府的环境规制、科技创新以及二者协同对装备制造业转型升级的影响,而数字经济对装备制造业低碳转型升级的影响可以丰富研究视角和研究内容,为政府出台产业政策和实现碳达峰、碳中和的目标提供理论支撑。

第三节 研究内容和方法

一、研究内容

本书探讨了双碳目标下环境规制、科技创新以及二者协同对装备制造业转型升级的影响,具体研究内容包括以下几个方面:

第一章"绪论"。主要阐述了本书的研究背景、研究意义及相关文献综述,论述了本书的研究内容、研究方法以及创新点。

第二章"研究边界界定与理论基础"。对研究变量环境规制、装备制造业转型升级进行了相关界定。同时,围绕本书主题,阐释了环境规制背景下的波特假说理论、外部性理论以及创新驱动战略下的创新理论,为后续相关研究奠定了理论基础。

第三章"环境规制、科技创新与装备制造业发展现状分析"。首先,介绍了我国装备制造业相关环境规制政策及治理效果;其次,从科技创新投入和产出角度对装备制造业的科技创新现状进行分析;最后,从产业规模和产业结构状况对装备制造业进行了发展概况分析,并指出了目前装备制造业转型升级过程中面临的问题。

第四章"影响机理分析与模型构建"。主要分析了环境规制、科技创新以及二者协同对装备制造业的影响机理,并分别构建了三个模型:环境规制对装备制造业转型升级的影响模型(模型Ⅰ)、科技创新对装备制造业转型升级的影响模型(模型Ⅱ)以及环境规制与科技创新二者协同对装备制造业转型升级的影响模型(模型Ⅲ)。此外,从行业和地区两个层面出发,分别选取变量衡量指标,并搜集整理2005—2017年的行业面板数据,为后续实证回归分析奠定基础。

第五章"对装备制造业的实证分析"。在第四章模型构建和变量选取的基础上,首先选用2005—2017年的行业面板数据,运用Stata 17.0软件对我国整个装备制造业进行回归分析;其次,利用变系数面板SUR模型分析装备制造业七大细分行业的异质性问题、装备制造业细分行业中变量之间的影响实证关系;最后,选用地区层面2005—2019年的面板数据,基于区域异质性视角对东部、中部和西部地区装备制造业进行实证回归分析。

第六章"促进装备制造业转型升级的对策与建议"。为装备制造业的转型升级提供切实可行且有效的对策与建议。

二、研究方法

1. 文献分析法

本书通过对国内外相关文献进行梳理、归纳和总结,厘清了当前与装备制造业转型升级相关主题的研究现状及不足,并在前人研究的基础上提出本书研究的切入点,确定本书的研究内容和方向,为本书的研究方法和模型构建提供参考和借鉴。

2. DEA法和ML指数分析法

数据包络分析(DEA)采用线性规划技术,是最常用的一种非参数前沿效率分析法。它由Charnes和Cooper等于1978年创建,以相对效率为基础对同一类型的部门的绩效进行评价。该方法将同一类型的部门或单位当作决策单元(Decision Making Units,DMU),其评价依据的是所能观测到的决策单元的输入数据和输出数据。而ML(Malmquist-Luenberger)指生产率指数,是考虑资源环境下的全要素生产率,通常可以分为技术效率变化指数和技术进步指数。ML>1表明环境全要素生产率增长,ML<1表明环境全要素生产率下降;技术效率变化指数>1或技术效率变化指数<1表明技术效率改善或恶化,反映向前沿面移动的程度大小;技术进步指数>1或技术进步指数<1表明技术进步

或退步,反映技术追赶的程度。

3. 定性分析法和定量分析法

本书在研究过程中,通过对相关数据的搜集和整理,对装备制造业的环境规制现状、科技创新现状、产业发展现状及面临的问题进行了定性分析。并在借鉴已有文献模型构建的基础上,通过搜集装备制造业相关行业和地区的数据,构建面板数据模型,运用 Stata 17.0 软件来进行定量实证分析。通过对回归数据进行平稳性检验,对面板回归模型进行 F 检验、Hausman 检验和 LM 检验,最终选用固定效应、随机效应、混合回归对研究对象分别进行实证回归分析。

4. 比较分析法

本书在实证分析中,先对我国整个装备制造业进行实证研究,接着使用对比分析的方法基于行业异质性和区域异质性对装备制造业展开进一步的横向比较。在细分行业实证回归分析中,比较了我国装备制造业七大细分行业环境规制、科技创新对其各行业转型升级的影响;在分地区实证回归分析中,比较了我国东部、中部、西部地区环境规制、科技创新对各地区装备制造业转型升级的影响,为进一步制定装备制造业的产业发展政策提供实证依据。

三、研究的创新点

第一,阐释环境规制背景下的创新驱动战略理论,主要有两个分支:技术创新学派和制度创新学派。创新体系理论经历了从线性范式到网络范式的演变。

第二,基于区域异质性的区域创新系统和基于行业异质性的集群创新系统应运而生。随着可持续发展意识的增强,该阶段技术创新视角开始朝着生态化方向演化,强调共生式创新。环境规制是一种制度,新制度经济学认为制度创新与技术创新二者能够形成紧密互动,从而对经济发展产生影响。环境规制作为外部驱动、科技创新作为内部驱动以及二者协同对装备制造业转型升级起到协同创新的作用。

第三,目前关于环境规制对产业转型升级的影响,学者主要以地区层面或工业行业层面为样本,本书选取国民经济支柱产业装备制造业为研究对象,更加具体,也进一步补充了当前的研究样本范围。

四、技术路线

本书研究的技术路线如图 1.1 所示。

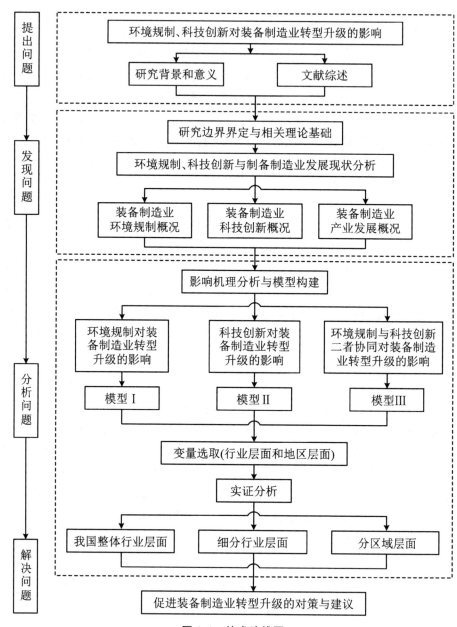

图 1.1 技术路线图

第二章 研究边界界定与理论基础

第一节 研究边界界定

一、环境规制

"规制"一词是由 Utsuki 于 1992 年提出的,其本质属性是约束性。前期调控更倾向于经济调控,主要是政府有关部门对企业实行的最高限价和最低限价、进入或退出壁垒等约束;后来又扩展到社会领域,主要针对环境、健康等方面。环境属于公共物品,不具有排他性,属于社会调节范畴。随着市场经济的发展和环境污染的日益严重,环境规制的范围和手段不断增加。环境规制概念的相关图解如图 2.1 所示。

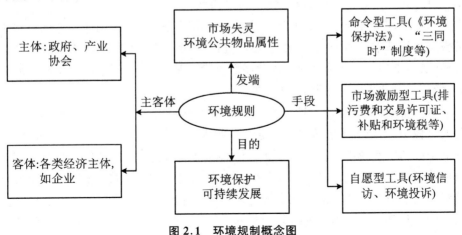

图 2.1 环境规制概念图

目前,学术界普遍采用三位一体的方法,认为环境规制可分为指挥命令型、市场型和自愿型三种类型。指挥命令型主要是政府制定一些有关环境保护的法律法规,制定环境质量标准,以行政命令的形式对企业进行监督,当企业超越许可的界限时,依法对违法企业进行处罚,责令其限期治理或关停,实现减排目标。市场型主要依靠市场机制的自动调节功能实现经济与环境的协调发展,通过排污费、信贷刺激、专项资金补贴等经济手段促进环境污染的外部经济转型,鼓励和引导企业在谋求自身利益最大化的同时,寻找成本最低的污染治理策略。与前两类相比,自愿型是指企业或行业在自愿的基础上协商制定的一些规则,强调自主参与。比如,企业主动在年度报告的社会责任部分披露环保投入和污染治理支出、ISO 14001 体系认证、公众参与(如环境投诉、信访等),这是自愿工具的实际应用。

环境规制是政府部门和一些行业协会为实现生态环境可持续发展而采取的一种限制性措施,主要针对个人和企业产生的水污染、废气污染等外部污染。从实践的角度来看,我国大部分制造企业推行绿色制造主要是受政府强制性监管的影响。

二、产业转型升级

目前,学术界对产业转型升级还没有一个统一的定义。Roberts(1983)认为产业转型升级是用高科技含量、低能耗、低污染的新产品或新工艺替代旧产品或行业的过程,是企业生产效率、产品质量和盈利能力不断提高的过程。

从宏观层面来看,产业转型升级是指一个国家或地区结合自身发展情况,出台一系列产业转型升级措施、经济政策,优化现有的产业结构,使当前的产业结构符合时代的要求,如粗放型转变为集约型。

从中观层面来看,产业转型升级主要针对的是产业内部结构,优化调整是指根据市场需求环境的变化,重新在产业间的劳动力、资本等储备资源中开展流通配置,支持新兴产业发展,优化资源配置,促进产业发展与融合效率的提升,使产品的技术含量不断得到改进。

从微观层面来看,产业转型升级是企业在内部优化产品升级和整体质量改善的过程中,通过加大研发投入,使产品融入更多科技,提高产品的品牌效应,降低企业的生产成本,提升企业的生产率,以便获得更多的利润。随着人们对环境质量要求的提高,国家对环境保护的重视程度越来越高。因此,产业转型升级还应考虑与时代相适应的资源环境因素,朝着节约环保的方向发展。在当前的资源和环境因素中,我国若要转变发展方式,就要通过创新向绿色低碳转型。

综上所述,本书将从中观层面出发,更多地关注装备制造业的产业内升级,即装备制造业通过转变生产方式,大力发展智能技术、绿色低碳技术,从而实现生产效率的提高、产品质量的提升、产业价值链的升级等。结合以往学者的相关研究成果,本书将采用劳动生产率或全要素生产率等衡量装备制造业的产业内升级。

三、碳排放、碳达峰与碳中和

1. 碳排放

气候变暖已经影响到我们的生活环境和经济发展。气候变暖主要是因为温室气体本身具有吸收和释放红外辐射、保存红外热能的能力,可以使地球表面变暖。主要的温室气体包括二氧化碳、臭氧、一氧化二氮、甲烷、氟氯烃、全氟化碳、六氟化硫等。《京都议定书》明确提出了六种温室气体的减排,包括二氧化碳、甲烷、氧化亚氮、氢氟碳化合物、全氟化碳和六氟化硫。在这六种温室气体中,虽然后三种气体的温室效应最强,但二氧化碳的含量最高,对全球变暖的影响最大,占到了25%以上,在一定程度上可以代表温室气体。大气中二氧化碳浓度增加的主要原因是工业部门的制造业燃烧化石和矿物燃料。因此,制造业发展对生态环境的负面影响主要是从二氧化碳排放的角度来考虑的。

制造业的碳排放主要包括:经济发展和工业生产过程中燃烧煤炭、天然气、石油等化石和矿物能源产生的二氧化碳。同时,生产加工活动、土地利用以及砍伐树木,均会对生态环境产生不可逆转的影响。通过对制造业的碳排放量进行测量,可以为制造业的节能减排提供相应的对策。

2. 碳达峰与碳中和

我国向世界承诺:到2030年,单位GDP二氧化碳排放量比2005年下降65%以上,非化石能源占一次能源消费的比重达到25%左右,森林蓄积量比2005年增加60亿立方米,风电、太阳能总装机容量将超过12亿千瓦。双碳目标将使我国的经济结构和经济社会运行方式发生深刻的变化,环境规制的范围将从污染行业进一步扩大到高污染行业,未来40年将大力推进我国的清洁生产和绿色产业链。

由发达国家的经历可知,实现碳达峰是经济和技术互动产生良好结果的自然过程。然而,对于发展中国家,特别是人均碳排放量较低的我国来说,毫无疑问,在40年内实现碳达峰和碳中和是一项具有挑战性的任务。大多数发达国家在1990年前后达到了碳峰值,那时工业化和城市化已经完成,许多高排放产业,如工业、基础设施建设业等已经接近饱和,60多年后才提出碳中和的目标。然而当前,我国仍处于城镇化、工业化阶段,需要为此进行合理的规划安排,才能提前实现双碳目标。长期的低碳转型需要良好的制度体系、市场体系和政策体系的支持,这意味着未来的环境规制不仅已经超脱了环境规制治理体系,而且协同作用于经济和社会等其他治理体系。

碳达峰是指二氧化碳排放总量达到历史最高值,是由增转降的历史拐点。碳中和,即设法减少二氧化碳排放,最终实现净零排放的目标。碳达峰、碳中和有能力重构整个制造业,我国的所有产业将从资源属性切换到制造业属性,例如手机,如果要实现碳中和,那么负责组装的企业要实现碳中和,为其提供零部件和原材料的企业要实现碳中和,为其提供芯片的企业也要实现碳中和,产业链上的每一个环节都要实现碳中和,这就会对产业链形成一个新的标准。在碳中和的大背景下,全球制造业的产业链将进行新的国际合作、国际分工,形成新的产业格局。

四、绿色经济、产业绿色化与绿色产业

通过对绿色经济和绿色产业的概念进行归纳,我们发现绿色经济、产业绿色化和绿色产业不仅有关联,而且存在明显的差异。明确这三者之间的关系,对于进一步把握绿色产业的属性和边界具有重要作用。

绿色经济包括绿色产业。绿色经济以低碳环保、自然资源再利用为目的,以可持续发展为目标。因此,对于绿色经济的发展,所有的目标都可以是减少能源消耗、节能减排以及资源再利用,以保护环境和改善生态环境。经济行为属于绿色经济的范畴。绿色产业意味着传统产业的技术变革,包括提高生产效率,大大减少单位 GDP 的资源消耗,减少碳排放量,努力减少对环境和生态系统的损害。这就是所谓的绿色产业。近年来,我国钢铁产业积极推进技术转型升级,消除产能过剩,降低钢铁行业相关产品的能耗,这是典型的绿色传统产业。如上所述,绿色产业强调新型绿色技术的创新、自然资源的有效利用和低碳环保绿色产品以及整个产业链和价值链的服务。因此,绿色经济涵盖产业绿色化和绿色产业。

产业绿色化是绿色产业发展的第一阶段。绿色产业的发展不是一蹴而就的。从产业变革的角度来看,有人工智能产业、互联网产业、太阳能发电等科技革命带来的新型产业。这些新兴产业中,一部分成为绿色产业的主力军,而更传统的产业则逐渐在产业链的不同环节通过技术革新变"绿",逐渐变成绿色产业。近年来,汽车产业大力推进新能源汽车的研发和市场化。因此,传统产业的绿色化是绿色产业发展的重要组成部分。不经过传统产业向绿色产业的转型升级,绿色经济是很难实现的。

绿色经济的核心是促进和实现绿色产业的发展。一方面,由于绿色经济的

发展、产业结构的调整,可将实现"绿色"转换为促进传统产业的转换;另一方面,要从产品的研究、开发到产品的最终销售、服务进行绿色技术革新,积极促进绿色产业的发展。因此,我国要着力发展低碳、节省资源、绿色环保的产业,使其逐渐成为促进我国经济发展的主要产业。确保绿色经济稳定健康发展有助于我国经济发展模式的根本转变。

五、绿色全要素生产率

在新的经济增长模型的基础上,有学者提出了全要素生产率的概念来衡量经济增长的效率,即除了有形的生产要素外,技术水平和生产率对经济健康发展的贡献也可以称为"系统生产率"。后来,有学者在全要素生产率衡量框架中加入劳动、资本等因素,但传统的全要素生产率衡量过程只考虑经济的"好"产出,而生产过程中的非市场因素,如环境、社会等方面的"坏"产出被忽略,不利于我国当前的生态环境建设,容易导致对生产力的错误判断。我们在将全要素生产率作为评价经济发展质量的指标时,会在全要素生产率中加入资源和环境因素,可以形成将资源投入和环境污染物排放等环境因素纳入全要素生产率的分析框架。预期的产出主要是经济得到了某种程度的增长,意外的产出主要是一些污染物的排放,以资本、劳动力和能源为投入,这种在投入产出中带入环境因素的全要素生产率为绿色全要素生产率。

六、数字经济

数字经济这一概念起源于 20 世纪。经济合作与发展组织在 1995 年时认为人类已经开始进入信息化发展时代,并且解释了数字化发展的趋势以及在这个趋势的推动下,社会发展历程可能会发生的转变。1996 年,美国学者 Don Tapscott 解释了在信息技术时代,企业的商业行动是如何被信息技术革命所影响的。到了 1998 年,美国商务部在对新兴数字经济的研究中解释了人类如何从工业时代进入数字经济发展时代,并指出数字经济是以互联网为基础设施、以信息技术为核心技术、以信息化产业为先导产业、以电子商务为引擎的新的经济发展形态。美国学者 Beomsoo Kim 在 21 世纪初指出数字经济的实质就是通过信息技术这一手段进行商品及服务的交易。当前对数字经济的定义主要是:以数字为知识和信息的关键要素,以现代信息网络为重要载体,将有效利用信息技术作为提高效率和优化经济结构的重要驱动力的一系列经济活动。

在此背景下,数字经济包括数字产业化和工业数字化。其中,数字产业化主要涉及基础电信、电子信息产品制造、软件和信息服务、互联网产业等信息产业的附加值。工业数字化包括信息技术对农业、工业和服务业等其他部门的贡献。

七、低碳经济

所谓低碳经济，是低碳发展、低碳产业、低碳技术、低碳生活等一类经济形态的总称。它的基本特征是低能耗、低排放、低污染，基本要求是应对碳基能源对于气候变化的影响，基本目的是实现经济社会的可持续发展。低碳经济的实质在于实现能源的高效利用，推行区域的清洁发展，促进产品的低碳开发和维持全球的生态平衡，是从高碳能源时代向低碳能源时代演化的一种经济发展模式。2008年世界环境日的主题为"转变传统观念，推行低碳经济"，在此基础上，国际社会不仅会持续广泛重视低碳经济，世界各国也会进一步采取一些低碳措施使得这一概念深入人心，并且将其纳入国际经济、国际社会的一些决策中。

八、金融支持

金融支持是针对行业发展、区域发展、金融机构和具体的金融政策，有针对性地开展一些工作和出台政策。在我国，对于民营企业，财政部、国家发展和改革委员会、中国银行保险监督委员会、中国证券监督管理委员会等部门负责人公开发表重要讲话，并提出相应的对策。总的来说，为了保证民营企业能够集中精力进行创新和创造，中央政府、各部委和地方行政主管部门都根据市场的实际情况和实际需求，给予资金支持。政府提出了系统的政策和计划，包括股权和债务融资支持、优质项目支持等。

金融支持政策主要包括以下几个方面：

银行具有支持作用。商业银行长期的工作出发点是注重效率，增加信贷投资，从而为一些高新技术企业提供金融支持。

完善中介服务机构。多渠道投融资体系要以支持科技进步为目标，同时在一定程度上能够完善内部运行机制，实现企业的科技成果转化和产业化。

建立风险投资机制。建立支持高技术产业发展的风险投资体系，培育和发展促进资本与高技术相结合的新型金融机制和模式。

依托资本市场。资本市场的发展对高新技术企业的发展具有重要意义。

第二节 与绿色经济及绿色技术创新相关的理论基础

一、外部性理论

"外部性"一词最初由 Marshall 提出。从经济学的角度来看，它是指企业等生产主体因其社会经济活动对市场上其他企业产生的外部溢出效应，可分为正外部性和负外部性。随后，Pigou 从公共物品的角度进行了分析，进一步系统阐述了外部性问题，并提出了庇古税。他认为，外部经济仅仅依靠市场的自由竞争是不可能实现社会资源的帕累托效率的，需要一些经济政策将外部效应内化。当企业的某种生产行为对社会有积极贡献，即产生了外部经济时，政府就应该给予补贴和奖励。当存在外部经济时，即当企业的生产行为对社会的溢出效应为负时，如对于负环境行为问题，政府应征收环境污染税，并采取污染者付费原则，从而增加污染企业的成本支出，使其减产。我国于 1990 年颁布的排污收费制度和 2018 年正式将其取代的环境保护税，都源于庇古税理论。随后，Coase 进一步拓展了外部性问题，从产权和交易成本的角度对庇古税的问题提出了质疑。他认为，污染问题的出现主要是由于环境产权界定不清，只要环境产权界定清晰，无论一开始是企业有权污染环境还是居民有权享受清洁空气，通过自愿协商，双方最终会在条件相同的情况下达到均衡，均可实现帕累托最优，但这种情况的前提是交易成本相对较低或为零。相反，在交易成本较高的情况下，产权的初始界定尤为重要。我国试点省市的排污权交易（水污染许可证和大气污染交易许可证）和在深圳等试点城市启动的碳排放权交易是产权的实际应用。

从技术溢出具有正外部性的角度来看，绿色创新的需求状况很难仅靠市场自身来解决，政府和相关环保部门为了弥补技术溢出带来的一定程度上的损失，往往会采取一些激励措施，如财政补贴、降低排污成本等，鼓励企业进行自主创新，实现绿色经济与整个行业或地区环境的和谐发展，除政府和有关部门外，还要接受公众的监督，媒体等的舆论也将在一定程度上推动企业加强污染物排放控制，减少污染对环境的负面影响。上述正式规制和非正式规制既可以弥补技术溢出对环境造成的外部性方面的损失，也可以降低绿色创新的一部分成本。这种效应从图 2.2 中可以看出，在两种环境规制的共同作用下，边际产品收益(Marginal Product Revenue, MPR)逐渐上升到边际社会收益(Marginal Social Revenue, MSR),市场将达到均衡点 F,均衡产出为 Q_S(Q 的全称为 Quantity,意为产量;S 的全称为 Supply,意为供给),均衡价格为 P_S(P 的全称为 Price,意为价格),正式和非正式两种环境规制所带来的作用可以抵消绿色创新所带来的一定程度的外部性损失,从而实现资源配置的帕累托效率。

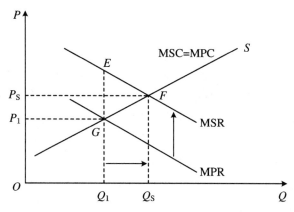

图 2.2　正外部性与环境规制

注：图中 MPC(Marginal Product Cost)表示边际产品成本,MSC(Marginal Social Cost)表示边际社会成本,P_1 代表企业最佳价格,Q_1 代表企业最佳产量。

环境污染负外部性带来的环境污染方面的问题如果仅仅依靠市场手段是无法得到解决的。此时,我们可以采取一些环境方面的规制手段来解决市场失灵带来的一系列问题。因此,政府和环境保护部门会根据增加的外部环境成本对企业征税,以降低社会所付出的外部环境成本。例如,政府和环境保护部门可以通过立法手段对企业生产出的产品进行征税,征税的标准主要是企业在一定时期内的生产活动中造成的外部环境成本的大小。而企业生产出的产品的需求及供给曲线的相对弹性在一定程度上决定了税收的分配,这一部分是由企业和消费者共同承担的。公众和环境保护部门也将对企业实施限制,以监管来督促企业加强污染控制,减少企业的污染物排放量。外部环境成本可以在正式和非正式环境规制的双重约束下实现内部化。在正式和非正式环境规制的科学作用下,MPC 上升到 MSC,市场达到均衡点 C,均衡产出为 Q_S,均衡价格为 P_S(图 2.3)。值得思考的是,只要企业的产出不为零,就不可能完全消除企业产生的环境污染。以 C 点表示的产出 Q_S 并没有消除工业环境污染,而是环境污染所造成的外部环境成本在一定程度上被企业承担了,实现了社会效益的最大化,即 MSR 与 MSC 相等。外部环境成本内部化要求企业在考虑环境因素的同时实现利润最大化,避免短视行为。因此,在正式和非正式环境规制的双重作用下,不会产生过度的环境污染,可实现资源配置的帕累托效率。

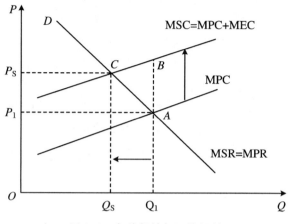

图 2.3 负外部性与环境规制

注:图中 MEC(Marginal External Cost)表示边际外部成本,D(Demand)表示需求。

二、绿色技术创新理论

Schumpeter 于 1912 年首次提出"创新"的概念,但直到 20 世纪 90 年代初,绿色创新这一概念才慢慢引起学术界的关注。有关绿色创新有很多概念,如生态创新、环境创新和环境可持续创新。绿色创新是指与绿色产品或工艺相关的硬件创新和软件创新,包括节能、防污染、废物回收利用、绿色产品设计和企业环境管理等方面的技术创新。绿色创新的对象可以是一种产品、服务、过程或方法,这一过程或方法对经济和环境的可持续发展有一定程度的好处,依据程度的不同,绿色创新大致分为渐进式绿色创新、激进式绿色创新;依据实施对象的不同,绿色创新大致可分为绿色产品创新、绿色工艺创新和终端创新这三种不同的类型。

企业在整个绿色创新的过程中溢出的技术和知识,会将一定程度的正外部性带给整个社会。同时,生产过程中产生的绿色创新的支出很大一部分是由企业承担的,在这个过程中,支出大于收益,企业无法得到绿色创新带来的所有收益,这将会使企业的绿色创新水平无法达到社会最优水平,即无法达到帕累托效率。知识技术溢出的正外部性如图 2.4 所示。考虑到 MPR 和 MSR,其中 MSR 高于 MPR,两条直线之间的垂直距离就是绿色创新单元的边际外部收入(图 2.4)。如果某个企业的绿色创新是绝对的私人决策的话,那么供给直线和

需求直线的交点 G 就决定了企业的绿色创新水平，P_1 就是对应的绿色创新水平，Q_1 就是价格。绿色创新供给直线反映了企业愿意提供的绿色创新边际成本，与 MPR 直线相交表明绿色创新边际成本等于 MPR，利润最大化决定了企业的绿色创新水平。但是，从社会环境的视角来分析，社会福利会随着绿色创新的供给增加而增加，因此绿色创新的最优供给水平并不是 Q_1。当 MSR 与 MSC 相等时，社会福利达到最大值，对应于图 2.4 中的 F 点，此时绿色创新供给为 Q_S，价格为 P_S，可以看出 $Q_1<Q_S$、$P_1<P_S$，这导致了 Q_S-Q_1 的需求缺口，并以 EFG 面积的值带来社会福利损失。可以看出，由于知识技术溢出的正外部性，企业的绿色创新水平低于最优化所要求的水平，产生了一定的需求缺口。可以明确的是，这时还没有达到帕累托最优状态，帕累托还有改进的空间。此时，资源配置效率低下。

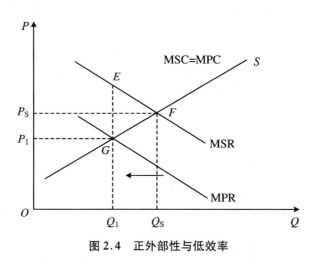

图 2.4 正外部性与低效率

企业的绿色创新过程除了上述的正外部性外，还有因环境污染而给社会带来的负外部性。图 2.5 分析了企业在考虑边际成本的情况下进行绿色创新的过程中环境污染所带来的负外部性，直线 D 表示的是社会对企业产品的需求情况，企业在生产经营过程中会产生成本，这些成本有很大一部分是企业的生产成本，但其中也有很大一部分是由环境污染带来的外部环境成本，这些都是需要由企业来承担的。图 2.5 中，这部分成本是由 MSC 与 MPC 之间的垂直距离来表示的，即 MSC 包括 MPC 和企业对社会造成的 MEC。为简单起见，假设 MEC 不变，因此 MSC 与 MPC 并行。直线 MPC 与直线 D 在 A 点相交，根据 MSR 和 MSC 等于确定的社会质量指标的最优产出，价格为 P_S，可见 $Q_1>Q_S$、$P_1<P_S$，这导致了 Q_1-Q_S 的超额生产和社会福利损失，且具有 ABC 区域的价值。从中可以得出，企业环境污染产生的负外部性会将企业在生产成本之外的

外部环境成本转移给社会来承担,导致企业的产出水平超过帕累托效率要求的水平,从而使环境质量恶化。由此很容易看出,帕累托最优状态尚未达到,帕累托进步的空间很大。与在知识技术溢出正外部性下资源配置效率低下一样,此时也并没有达到最优的资源配置效率。

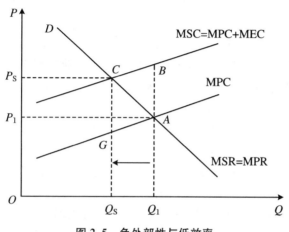

图 2.5 负外部性与低效率

目前国内外的相关研究主要体现在三个方面:一是绿色技术的创新研究的内涵,绿色技术的基础是一种环保型技术,具有明显的可持续发展属性,具有突破性和渐进性两种技术创新的特点,涉及的产业包括低碳、节能减排、清洁能源、生物技术等;二是绿色技术创新的演进过程,学者从技术转移及绿色技术创新的角度来看,绿色技术创新的演进过程包括创造绿色新技术知识,实现市场业务价值涉及的技术创新,其主体包括社会组织、科研机构、企业和政府相关部门等;三是绿色技术创新社会效益研究,绿色技术创新具有特殊性,因此绿色技术创新的效益不仅是企业经济效益,也是企业长期的生态效益和社会的外部效益。

三、波特假说与绿色悖论

1991 年,Port 提出了新古典理论中的波特假说,即适当的环境规制不仅能消除落后的生产力,而且能减少污染和能源消耗,刺激企业创新,增加企业的利润空间,促进产业发展。此前,传统观点认为,虽然环境法规可以减少企业的负外部性,但也会增加企业成本,不利于企业的成长和发展。事实上,面对环境法规,不同类型的企业面临着不同的情况。清洁企业的环保成本较低,污染企业则要付出更多的成本来控制环境污染。特别是一些中小企业面对环境法规,虽采取相应的措施,但仍难以维持生产。因此,只有对不同类型的企业制定不同

的环境法律法规,并给予适当的环境监管,才能启动创新的补偿机制,Port 也强调了这一点。我们可以从以下两个方面着手:

一是这些法律法规产生的创新补偿可以使制造企业在技术上进行创新,实现清洁生产,从而减轻环境负担。

二是这些法律法规产生的创新补偿可以通过提高生产技术水平及企业生产效率来弥补环境成本,从而获得更多的利润。

通过这两个方面发挥创新补偿机制的作用,可以降低制造企业的成本。通过对波特假说的理解,可以得知环境规制对制造企业的影响并不是负面的,但环境规制与企业创新之间的关系可能不是线性的。此后,波特假说在探讨环境规制和产业创新的影响方面起着至关重要的作用。

与波特假说相反,"绿色悖论"一词是 2008 年由经济学家 Sinn 提出的,其观点是,在严格的环境调控政策下,化石燃料供应商将增加化石燃料,导致市场供应增加,燃料价格下降,在需求增加的同时,会造成大量的能源消耗,最终公司的碳排放量将增加。此外,Sinn 还阐述了绿色悖论形成的原因:一是盲目引入碳税;二是制定限制化石燃料消费的政策;三是政策时机不对。有学者在此基础上对绿色悖论产生的原因进行了扩展和总结,主要包括以下四点:一是减少需求侧化石燃料的使用;二是政策出台的滞后性;三是碳价格调控;四是单边政策或国际碳泄漏。由于环境本质上属于公共物品,具有明显的外部性,这是实施环境规制政策的理论基础。环境规制政策是如何有效实施的,仍然需要根据国家经济的发展、环境规制的强度等因素进行进一步的研究才能确定。

传统观点与波特假说的比较见表 2.1。

表 2.1 传统观点与波特假说的比较

	传统观点	波特假说
前提假设	基于静态视角	基于长期动态视角
	完全信息	信息不对称
	资源、技术、需求不变	要素、技术、需求变化
规制路径	X-有效率	X-无效率
	挤出和约束效应	创新补偿、先动优势
规制效应	成本上升、利润下降	技术进步、资源节约
	生产率下降、竞争力下降	生产率提高、竞争力提升

四、产业结构升级理论

苏东水在其《产业经济学》一书中将产业结构分为四个部分:产业结构演化

理论、产业关联理论、产业优化理论和产业布局理论。绿色产业本身是国民经济的重要组成部分,它涵盖的领域非常广泛,几乎在传统农业、工业和第三产业中都有体现。

随着社会经济的发展,绿色产业在国民经济中的比重不仅会增加,而且会对传统产业的结构调整和升级产生重要影响。

1. 产业结构优化理论是产业结构升级的基础

所谓产业结构优化,是指国家和政府调整产业政策,从而影响市场的供给和需求,促进资源的优化配置,促进产业结构向更加合理和优化的方向发展。从产业结构优化的对象来看,产业结构优化主要包括四个方面:供给结构优化、需求结构优化、国际贸易结构优化、投资结构优化,而绿色产业的发展主要体现在供给结构优化上。

2. 产业布局理论是人类社会经济发展和生存空间的必然产物

产业布局理论主要涉及产业布局条件、特点、层次、机制和区域产业结构。具体如下:

产业布局条件主要是指工业布局所面临的客观外部环境,既包括可测量的物质硬环境,也包括难以测量的非物质软环境。

产业布局特点主要是指不同的地区因地制宜,充分发挥各自的比较优势,形成具有鲜明区域特色的不同的产业结构。

产业布局层次主要是从宏观角度研究不同层次和不同区域的产业布局规律,不仅研究国家和区域的产业布局,而且研究全球范围内的国际分工和产业转移。

产业分布机制是指影响产业空间分布和组合的各种因素及其相互影响、相互作用的内在机制。

区域产业结构是指一定的外部经济技术条件对产业布局产生影响。不同的区域产业结构反映了区域社会生产力的发展水平和区域经济社会发展的整体水平。

五、低碳经济相关理论

低碳经济意味着人类放弃依赖能源消费的传统发展模式,转向节约资源的新增长模式。低碳经济是指通过利用创新能源技术和调整产业结构,解决能源利用和清洁能源发展的难题,建立低能耗、低排放的可持续发展模式。节能减排和发展低碳经济已成为全球性的话题。低碳经济涉及很多理论,包括环境库兹涅茨理论、脱钩理论、生态足迹理论、城市矿山理论,前两种理论在当前的研究中得到了广泛的应用。

1. 环境库兹涅茨理论

环境库兹涅茨曲线经常被用来衡量一个国家的经济发展对环境质量的影响。主要揭示以下关系：经济发展初期，社会人均收入增加，环境质量下降。当经济发展到一定程度，人均收入增加到一定水平时，社会的环境质量就会随着人均收入的增加而提高。总之，环境质量与人均收入呈倒 U 形关系。这一理论被广泛用于研究经济发展与二氧化碳排放之间的关系，即描述一个国家的经济模式从高碳向低碳的转变过程。

环境库兹涅茨理论一般认为，在一个国家经济发展的不同时期，一般有三个阶段，在这三个阶段中，二氧化碳排放与经济发展的关系呈现出不同的特点。第一阶段为前工业化时期，农业和畜牧业是主要产业，对资源的需求较少，碳排放较少；第二阶段为工业化中期，随着经济的快速发展，能源消耗将大幅增加，这一时期也是二氧化碳高排放、高增长的时期；在工业化发展的后期，即第三阶段，随着技术的发展和能源利用效率的提高，以新能源为主的低排放、低能耗产业将成为经济发展的主导产业，总体碳排放也将相应大幅下降，可呈现出一条倒 U 形曲线。制造业通过提高新能源使用比重、调整产业结构和加强环境规制标准，可以有效降低环境库兹涅茨倒 U 形曲线的峰值，从而使环境库兹涅茨曲线的拐点尽快出现，进入发展低碳经济的时期。

2. 脱钩理论

在低碳经济的分析中，脱钩理论被广泛应用于反映经济发展过程中二氧化碳的排放量增长率与经济增长率之间的内在关系。一般来说，在经济发展的初期，经济增长和二氧化碳排放量增长一般都是较为同步的。但也会有一段时间，二氧化碳排放量的增长速度和经济的增长速度不同步，这叫作解耦。非同步增长关系大致可分为两种类型：一种是二氧化碳排放量增长趋势下降，且低于同期经济增长率，二者形成相对脱钩关系；另一种是在经济增长时期，二氧化碳排放量呈现相反的下降趋势，在这种情况下，二者之间存在着绝对的脱钩。

3. 生态足迹理论

生态足迹这一概念由加拿大生态学家 Rees 在 1992 年提出，并在 1996 年由 Wackernagel 完善。生态足迹是指生产某人口群体所消费的物质资料的所有资源和吸纳这些人口所产生的所有废弃物所需要的具有生物生产力的地域空间。生态足迹将每个人消耗的资源折合成为全球统一的、具有生产力的地域面积，通过计算区域生态足迹总供给与总需求之间的差值——生态赤字或生态盈余，准确地反映不同区域对于全球生态环境现状的贡献。生态足迹既能够反映个人或地区的资源消耗强度，又能够反映区域的资源供给能力和资源消耗总量，同时也揭示了人类持续生存的生态值。

生态足迹的意义在于可以判断某个国家或地区的发展是否处于生态承载力的范围内：如果生态足迹大于生态承载力，那么生态环境具有不可持续性，必然会危及生态安全，导致社会经济发展的不可持续性；如果生态足迹小于生态承载力，那么生态安全会持续稳定，可以支撑社会经济发展的可持续性。根据生态足迹理论，学术界逐渐引申出了碳足迹的概念，用于衡量各种人类活动产生的温室气体排放量。碳耗用得多，导致地球变暖的二氧化碳和其他温室气体也就制造得多，碳足迹也就越大。生态足迹本质上与碳足迹是类似的概念。

4. 城市矿山理论

日本东北大学矿物加工与提炼研究所的 Minamichi Michio 教授提出的城市矿山，是指在废旧产品和电子设备、机电设备等废弃物中积累的可回收金属。据统计，日本黄金可采量为 6800 吨，约占世界现有储量的 16%，超过世界黄金储量最大的南非；可采白银 60000 吨，约占世界总储量的 23%，超过世界储量最大的波兰；用于制作液晶显示器和发光二极管的稀有金属铟正日渐减少，约占世界储量的 38%，居世界首位。除此之外，日本还有世界上最大的银和铅矿床。虽然日本是资源贫乏国家，但从城市废料中所含资源量大的角度来看，日本可以说是一个"城市矿山"。

事实上，城市矿山理论与可再生资源综合利用理论及当前循环经济中的产业理论有关。这些理论为我们依靠技术创新和政策支持，加强可再生资源利用、提高能源效率、实现高碳向低碳过渡提供了重要的理论参考。

六、碳排放权交易制度理论

Dales 在科斯定理和环境污染外部性理论的基础上，首次提出排污权交易的概念，界定了排污权的定义，即权利人在符合法律规定的条件下向环境排放污染物的权利，这种权利可以成为可交易的排放权。

二氧化碳排放权交易是以市场机制为基础的减排制度。在这一制度下，政府和有关部门设定一定量的二氧化碳排放量作为排放上限，通过拍卖或者按照一定的分配规则，将排放总量分配到排放配额中，供排放控制单位免费使用。取得配额的排放控制单位将根据其实际的二氧化碳排放量，以二氧化碳排放权配额为标的物进行交易。二氧化碳排放权交易有时被称为碳排放权交易或碳交易。交易主体进行二氧化碳排放权交易的市场称为二氧化碳排放权交易市场，二氧化碳排放权交易市场简称为碳交易市场或碳市场。

七、新制度经济学理论

新古典经济学一开始并不关注制度问题。它认为制度是在经济发展中给予的,没有将制度作为经济发展的一个要素来考察。正如 Coase 于 1937 年在《企业的本质》一书中所说的,这一观点是在交易成本理论之后提出的。之后,许多经济学家开始意识到制度的重要性,主要以 Seitz、Lubock 等为代表,Williamson 等经济学家沿着 Coase 的交易成本理论展开了研究,形成了独特的新制度经济学,将制度要素纳入新古典主义分析方法和模型,解释了制度要素如何在社会经济发展中发挥作用,以及制度改革对经济绩效的影响机制。新制度经济学理论告诉我们,制度创新是市场中面临路径依赖和复杂制度变迁的绿色新兴产业从萌芽期生长到成熟期不可缺少的条件。新制度经济学理论认为,制度环境和制度安排是新制度经济学的两个重要内容。制度环境是指作为生产、交换和分配基础的一套基本的政治、社会和法律规则,这些规则共同构成生产、交换和分配的基础,如各种选举规则、财产权和契约权。制度安排是经济单位之间的一种安排,它规定了这些经济单位协调或竞争的方式。制度可以分为正式制度和非正式制度。在人类社会的发展中,正式制度构建了一个国家经济社会运行的基本框架和结构,而非正式制度对人们行为的约束和社会经济的发展也有着重要的影响。制度变迁是指在制度失衡的情况下追求潜在利益机会的自发交替过程。从制度变迁的诱因和主体来看,制度变迁可分为强制性制度变迁和诱导性制度变迁。North 在研究制度变迁的过程及其对经济绩效的影响时曾指出,在进行正式制度变迁的过程中,必须注意非正式制度的变迁,因为"正式制度虽然可以在一夜之间改变,但非正式制度的变迁只能是渐进的"。

八、可持续发展理论

1. 绝对稀缺理论

1789 年,英国经济学家 Malthus 在《政治经济学原理》中指出:"资源在数量上的有限性和经济上的稀缺性是绝对的,不会因为技术进步和社会发展而从根本上发生改变。"后来,这种经济思想被后人视为资源的绝对稀缺模式。

2. 相对稀缺理论

1817 年,英国另一位著名的经济学家 Ricardo 在《政治经济学和税收原理》中明确"否认自然资源在经济利用方面的绝对限制"。Ricardo 通过自己的研究表明,自然资源总体上是相对稀缺的,经济发展的相对稀缺并不是不可逾越的障碍。

3. 静态经济理论

后来,英国经济学家 Mill 扩展了 Ricardo 的相对稀缺理论,将相对稀缺理论引入环境分析,成为第一位将生态环境纳入经济分析视角的经济学家。1821 年,Mill 创造性地提出了静态经济理论,他认为:"对自然环境、人口和财富的利用和开发应保持在远离自然资源限制的静态稳定水平,反对对自然资源的无限开发和利用。"从实践的角度来看,Mill 的静态经济理论体现了可持续发展的思想。

近年来,对经济社会可持续发展理论的研究一方面集中在可持续发展的道路上,包括:可持续福利水平为正;最终可持续福利水平与当前福利水平相等;后代的福利水平对前人的行为较为敏感。另一方面集中在对国民幸福指数、人类发展指数、现实发展目标等可持续性衡量方法的研究上,其中最具代表性的是生态足迹法。按照生态足迹指数的衡量方法,工业化国家已经处于生态赤字状态,目前的全球消费水平是不可持续的。究其原因,是现有的生态生产用地不能满足当前的消费水平。

可持续发展的核心是发展,但这种发展是以环境保护和资源的可持续利用为前提的经济社会发展,不同于过去经济总量增长的目标。由于可持续发展涉及很多方面,研究者对可持续发展内涵的认识主要集中在四个方面:一是从生态学角度强调可持续发展的自然属性,实现自然资源保护与开放利用之间的平衡;二是从社会角度来看,强调提高人类生活的质量,控制人口增长,提高人口素质,实现代际生存平等;三是从经济角度出发,强调在利用和保护自然资源的前提下实现经济效益的最大化;四是强调可持续发展的目标是转向更清洁和更有效的技术和过程,以便尽可能地减少能源和其他自然资源的消耗。Peirce 将可持续发展分为以"经济增长可以抵消环境和社会损失"为主题的弱可持续发展和以"自然资本不减少"为目标的强可持续发展。

九、循环经济理论

循环经济理论强调的基本原则是 3R 原则,即减量化(Reducing)、再利用(Reusing)、循环利用(Recycling)。所谓减量化,就是减少生产中的资源投入,同时也减少生产和消耗废物的产生;所谓再利用,是指尽可能延长产品或服务的使用时间,在不改变其基本物理形态和结构的情况下,仍然继续使用或再利用;所谓循环利用,是指原废物通过一系列的物理或化学反应过程,再次成为可利用的资源,并再次进入生产和消费的经济活动。

从 3R 原则可以看出,循环经济理论与新古典经济理论的核心区别在于对效率的定义不同。新古典经济理论把效率看作生产过程中资源的一次性投入和产出,而不考虑资源的循环利用。循环经济理论更强调生态综合利用的效率,强调经济活动中的低资源消耗、低污染排放、高经济产出、高回收再利用。这构成了考察生态效率的重要标准,也是考察循环经济实际效果的核心指标。

第三章 环境规制、科技创新与装备制造业发展现状分析

第一节 装备制造业环境规制概况

随着资源与环境问题日益突出,政府相关部门逐步加强环境规制,出台了一系列环境保护政策及制度以降低污染物的排放,改善环境质量。纵观发展历程,从以预防为主的《环境保护法》、"三同时"制度等法规体系的初步形成,到以污染防治和生态环境保护并重的《大气污染防治法》《节约能源法》等法规的颁布,我国的环境规制政策体系不断完善、不断转型。进入 21 世纪,环境规制体系迎来战略转型,从注重经济发展转变到"在发展中保护,在保护中发展"的同步发展格局,并颁布了《清洁生产促进法》《环境影响评价法》等系列法规。党的十八大以来,我国进一步加强惩罚力度并颁布了《环境保护税法》、开展碳排放交易试点等,坚持生态优先,并将生态文明写入宪法。总的来说,我国的环境规制政策体系无论是在理念还是在手段方面都得到了进一步的发展。本章重点搜集了"十三五"时期我国针对环境保护提出的一系列与装备制造业相关的政策及制度,具体见表 3.1。

表 3.1 我国装备制造业主要环境保护政策及制度

年份	政策制度	主要相关内容
2016	《工业绿色发展规划(2016—2020 年)》	进一步提高能耗标准,强调技术节能,对高能耗通用设备进行技术改造,鼓励使用绿色低碳能源,全面推进绿色制造体系,开发绿色产品,推动绿色制造与互联网融合发展,提升工业绿色智能水平

续表

年份	政策制度	主要相关内容
2016	《装备制造业标准化和质量提升规划》	进一步完善汽车能耗及相关节能技术标准、节能环保型农业机械装备及其关键部件标准,研究绿色制造标准体系,指导装备制造业全生命周期绿色化等规划
2017	《汽车行业挥发性有机物削减行动计划》	对汽车及其零部件生产制造环节制定VOCs(可挥发有机物的统称)排放目标,引导行业技术进步,提出开展材料及工艺替代工程、推广涂装车间技术改造工程、实施回收及综合处理工程技术路线图,推动企业开展VOCs削减技术研发
2017	《国家环境保护标准"十三五"发展规划》	针对仪器仪表制造行业,提出加强环境监测仪器技术要求与设备标准
2017	《关于加快推进环保装备制造业发展的指导意见》	对环保装备(如大气污染防治装备)、环境监测专用仪器仪表等提出新要求,提出行业亟须在关键核心技术上取得新突破,推进生产智能化、绿色化转型,使其主要技术装备基本达到国际先进水平
2017	《电子器件(半导体芯片)制造业清洁生产评价指标体系》	提出电子器件制造业进行清洁生产的要求,并将清洁生产分为六项指标,赋予其相应的权重,并对每一项指标的二级指标进行了分权重值的赋值,提高了资源利用效率,有利于污染物的减少
2018	《环境保护税法》	对装备制造企业生产过程中产生的废水、废气、噪声等按一定的计算方法征收环保税,建立多排多缴、少排少缴、不排不缴的激励机制,发挥税收的绿色调节作用,提高排污企业的主动性,有效引导各行业企业进行污染物减排
2018	《排污许可证申请与核发技术规范 汽车制造业》	对汽车制造业生产过程中涉及的产排污环节,如铸造、焊接、热处理、涂装等生产单元进行梳理,确定废气、废水许可排放因子,将汽车整车制造、汽车发动机生产等排放口作为主要排放口,并规定废水、废气许可排放量的核算方法
2019	《电子信息制造业绿色工厂评价导则》	进一步规定电子信息制造行业在能源资源投入、环境排放等方面的指标,制定行业标准,推动企业进行绿色制造
2020	《排污许可证申请与核发技术规范 铁路、船舶、航空航天和其他运输设备制造业》	指导和规范铁路、船舶、航空航天和其他运输设备制造业排污单位许可证申请与核发工作,规定航空设备制造、船舶及相关装备制造等排污单位许可排放限值,提出污染防治可行技术的参考要求等
2020	《绿色生态船舶规范》	对符合相关绿色技术(如采用太阳能、液化天然气燃料等)要求的船舶,授予绿色技术附加标志

资料来源:依据政府官方网站发布的信息搜集整理而来。

第二节　装备制造业环境治理效果

装备制造业长期依靠粗放型生产模式,在其加工制造及处理过程中存在资源不合理利用的情况,导致环境污染问题,如在汽车零部件电池生产制造环节、涂装环节产生的挥发性有机废气等,在电镀生产线产生的电镀废气和废水、进行半导体处理时产生的有毒气体等。根据装备制造业部分企业年报可知,属于计算机电子设备制造业的北京京东方2019年化学需氧量(Chemical Oxygen Demand,COD)为324吨,氨氮排放量为18.66吨;属于交通运输设备制造业的中航飞机2019年COD为17.83吨,二氧化硫排放量为69.14吨,氮氧化物排放量为70吨;属于通用设备制造业的沈阳机床2019年COD为24.39吨;属于电气机械及器材制造业的格力电器(重庆)2019年颗粒物排放量为126吨,氮氧化物排放量为46.2吨。除此之外,随着全球气候变暖,各国越来越关注碳排放,作为环境污染物,碳排放引起了学者的广泛关注,我国也明确指出制造业要进行低碳绿色转型。装备制造业是基础产业,其产值增加需要依赖能源消耗,因此作为能源消耗大户的我国也会产生二氧化碳污染物。

政府采取环境规制手段的目的是保护环境、降低能源消耗、减少污染物排放。因此能源消耗量以及污染物排放量是否减少是衡量环境规制作用的一种最直接的手段。下面将从能源消耗、三废排放量以及碳排放量三个方面来分析装备制造业在环境规制下的治理效果。

一、能源消耗量

我国装备制造业2005—2020年能源消耗量如图3.1所示。从图中可以看出,我国装备制造业能源消耗总量整体上呈现不断增长的态势,2005年我国装备制造业能源消耗总量为10671.91万吨,而到2018年能源消耗总量增加至24749万吨。但是在2013年之后,我们能够看出,虽然能源消耗总量仍在增加,但增速开始放缓,表明装备制造业向绿色制造不断迈进。

装备制造业消耗的主要能源种类见表3.2。从表中可以看出,装备制造业对煤炭的消耗量在2009年出现猛涨,达到4001万吨,之后开始下降。在焦炭消耗方面,2005—2011年大致呈上涨趋势,2012—2019年大致呈下降趋势。在汽油消耗方面,2005—2010年不断增加,之后大致呈下降趋势。在天然气消耗方面,2005—2020年大致呈上升趋势。综上可以看出,在能源消耗方面,装备制造业不断朝着清洁化能源迈进。

第三章 环境规制、科技创新与装备制造业发展现状分析

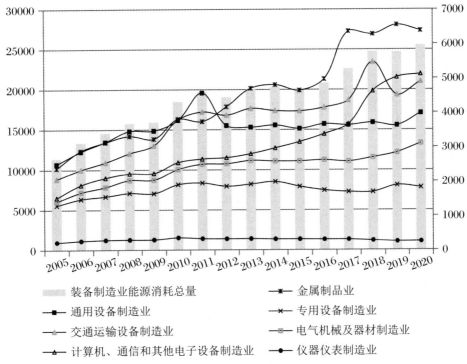

图 3.1　2005—2020 年装备制造业能源消耗量（单位：万吨标准煤）

数据来源：《中国能源统计年鉴》。

表 3.2　2005—2020 年装备制造业各能源消耗情况

年份	煤炭 （万吨）	焦炭 （万吨）	原油 （万吨）	汽油 （万吨）	煤油 （万吨）	柴油 （万吨）	燃料油 （万吨）	天然气 （亿立方米）
2005	2521.38	716.84	1.18	128.73	24.76	310.91	93.28	16.65
2006	2610.93	811.96	1.18	145.33	19.97	315.24	84.67	18.54
2007	2562.81	894.73	1.17	160.91	18.97	329.95	77.75	21.99
2008	2553.51	826.03	1.46	185.91	22.83	465.14	88.95	33.1
2009	4001	1059.54	0.77	214.35	14.62	413.95	81.82	33.65
2010	4041	1062.07	0.86	229.75	18.32	456.48	58.35	43.88
2011	3938	1332.72	0.5	194.53	17.48	323.19	45.36	54
2012	3495	1216	0.23	180.71	14.66	257.33	28.35	59.26
2013	3206	1130	0.54	172.69	14.85	254.61	26.07	74.11
2014	2709	1073	0.24	166.4	7.01	228.46	19.68	83.49

续表

年份	煤炭（万吨）	焦炭（万吨）	原油（万吨）	汽油（万吨）	煤油（万吨）	柴油（万吨）	燃料油（万吨）	天然气（亿立方米）
2015	2544	1013	0.17	168.73	8.23	213.13	18.15	80.12
2016	2018	971	0.17	155.15	8.37	186.15	16.31	102.03
2017	1234	657	0.21	141.96	7.05	158.31	15.54	129.14
2018	985	832	0.11	111	17	135	13	239
2019	961	267	0.02	95.3	4.75	111.59	7.31	201.68
2020	648	1014	0.02	62.95	4.34	77.5	4.22	210.94

数据来源：《中国能源统计年鉴》和《中国统计年鉴》。

二、三废排放量

三废排放量可间接反映当前装备制造业在环境规制体系下的治理效果。废气排放量在2011年出现峰值，但2012年出现较大回落，之后仍呈上升趋势，但增速放缓，2015年达到历史新高。废水排放量在样本期间大致呈上升趋势，2008年之后增速基本保持平稳，除了2015年增速上升。从固体废物排放量来看，其在样本期间也大致呈上升趋势，但2011年和2014年出现回落。综合三废排放情况来看，装备制造业三废排放总量在2005—2015年大致呈上涨趋势，但从增速上看，都有一定的放缓（表3.3）。这说明政府的环境规制起到一定的作用，但总量仍呈上升趋势，表明当前装备制造业的环境问题依然严峻，政府仍需进一步提高环境规制的力度。

表3.3 2005—2015年装备制造业三废排放量

年份	废气排放量（亿标立方米）	废水排放量（万吨）	固体废物排放量（万吨）
2005	7456	106780	1300
2006	9248	112181	1346
2007	12009	122480	1353
2008	14025	129125	1632
2009	16742	131861	1958
2010	18617	131722	1988
2011	27296	133568	1832

续表

年份	废气排放量（亿标立方米）	废水排放量（万吨）	固体废物排放量（万吨）
2012	21172	140464	2144
2013	23482	145218	2311
2014	24148	145483	2153
2015	28198	153031	2210
2016			6489
2017			6109
2018			7549

数据来源：《中国环境统计年鉴》，其中废气排放量及废水排放量官方数据目前只公布至2015年。

三、碳排放量

目前，关于装备制造业的整体碳排放数据不能直接从年鉴中找到，需要进行测算。综合现有文献的估算方法，此处参考政府间气候变化专门委员会（Intergovernmental Panel on Climate Change，IPCC）的碳排放系数和孙艳芝等（2017）的研究成果，具体估算公式如下：

$$CF = \sum_{i=1}^{8} C_i = \sum_{i=1}^{8} E_i \times NCV_i \times CEC_i \times COF_i \times \frac{44}{12}$$

式中，CF 为测算的二氧化碳排放量，$i=1,2,\cdots,8$ 为能源消耗品种（即装备制造业各行业消耗的煤炭、焦炭、原油、汽油、煤油、柴油、燃料油以及天然气），E_i 为装备制造业各行业第 i 种能源消耗量，NCV_i 为第 i 种能源发热值，CEC_i 为各能源的单位热值含碳量，COF_i 为各类能源的碳氧化率，C_i 为第 i 种能源的含碳量，44 和 12 分别为二氧化碳和碳的分子量，$NCV_i \times CEC_i \times COF_i \times \frac{44}{12}$ 为二氧化碳排放系数。该估算结果与田祎（2018）、黄耀宇（2019）、王兵和杨欣怡（2019）、李彬瑞（2020）的估算结果相近。其中装备制造业整体测算结果如图3.2所示，从次坐标轴可以看出，2005—2011年我国装备制造业碳排放总量大致呈上升趋势，从2012年开始下降。可以看出2011年以后在环保措施下，装备制造业在碳排放方面已取得巨大成效。从细分行业来看，通用设备制造业和交通运输设备制造业的碳排放量较大，仪器仪表制造业的碳排放量较小。

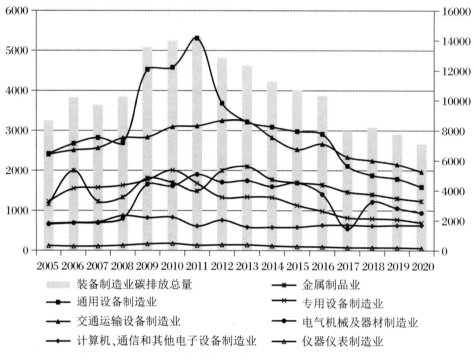

图 3.2　2005—2020 年装备制造业碳排放量情况（单位：万吨）

数据来源：根据 IPCC 公式计算所得。

第三节　装备制造业科技创新概况

一、科技创新投入现状

装备制造业作为战略性部门，资本密集度高，因此科技创新投入是其发展的基石。

下面将从研发经费投入和研发人员投入两个方面进行分析。

从研发经费投入和研发人员投入来看，2005—2019 年装备制造业研发经费投入和人员全时当量都呈上升趋势，研发经费投入从 2005 年的 724.39 亿元增长到 2019 年的 7868.03 亿元，年均增长率为 18.58%，具体见表 3.4。

第三章　环境规制、科技创新与装备制造业发展现状分析　39

表 3.4　2005—2019 年装备制造业研发经费投入及人员全时当量

年份	研发经费投入（万元）	人员全时当量（人/年）
2005	7243947	342246
2006	9584108.8	394924.96
2007	12272140.1	496115.54
2008	17449059	717995.28
2009	21543368.3	848932
2010	22850075.7	837280.732
2011	33548007.8	1146376
2012	38929226.5	1321749.9
2013	45597221.9	1467228.9
2014	51104262	1550710
2015	56278283.7	1557109
2016	61766314.2	1588795
2017	67256954.2	1616770
2018	73869468.1	1809603
2019	78680286	1880388

在研发人员投入上，人员全时当量 2005—2019 的年均增长率为 12.94%。综上所述，我国在装备制造业的研发创新投入上是不断增加。

二、高科技装备制造业领域投入现状

从高科技装备制造业部分领域研发的投入情况来看，2005—2019 年大致呈增加趋势（图 3.3）。由此可以看出，对于打破国外高科技领域的垄断，建立自身的优势，我国势在必行。

三、装备制造业科技创新产出现状

1. 专利申请数量与新产品销售收入

如图 3.4 所示，规模以上装备制造业专利申请量从 2005 年的 37794 个增长到 2019 年的 727061 个，除 2015 年保持平稳外，其余年份均保持增长态势。2005—2019 年我国装备制造业在新产品销售收入方面一直处于上升趋势，2005 年新产品收入为 15665.55 亿元，2019 年达到 132235.6 亿元，较 2018 年增长

8.1%，较 2005 年增长了约 7.44 倍。

图 3.3　2005—2019 年高端电子及通信设备制造业研发机构、高端计算机及办公设备制造业研发机构情况（单位：个）

数据来源：《中国科技统计年鉴》。

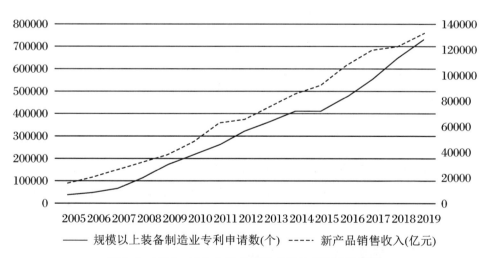

图 3.4　2005—2019 年装备制造业科技创新产出情况

数据来源：《中国科技统计年鉴》。

2. 高技术核心领域

2009—2019 年，我国装备制造业高技术核心领域有效专利发明数大致呈上升趋势（图 3.5）。在载人航天、轨道交通设备、北斗卫星导航、特高压输变电成套设备等关键核心技术领域，我国已经取得突破性进展。经过几十年的努力，我国的创新能力显著增强,石墨烯、电池隔膜材料等基础产品已打破国外垄断,核电装备、轨道交通设备在国际竞争中处于领先地位。

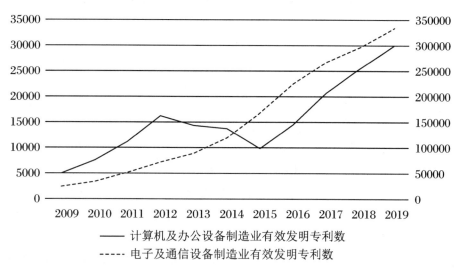

图 3.5　2009—2019 年装备制造业高技术核心领域有效发明专利数(单位:个)
数据来源:《中国科技统计年鉴》。

3. 新产品出口

2009—2019 年,我国装备制造业新产品出口额持续增长(图 3.6)。随着"一带一路"等倡议的推进,我国装备制造业迎来新的发展机遇,不断向高技术领域迈进,适应全球消费市场的个性化制造将成为我国装备制造业未来升级的重要路线。

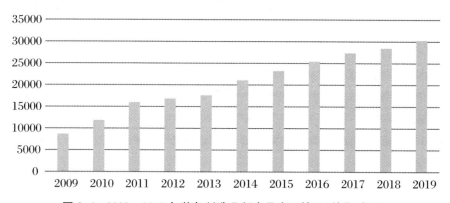

图 3.6　2009—2019 年装备制造业新产品出口情况(单位:亿元)
数据来源:《中国科技统计年鉴》。

第四节 装备制造业产业发展概况

一、产业规模

长期以来,伴随着我国经济的不断发展以及政府政策的大力扶持,装备制造业一直保持较快的增长速度,总体上呈稳步上升的趋势。如图3.7及表3.5所示,2017—2020年我国装备制造业增加值增速和工业增加值增速呈不断下降的趋势。2019年我国装备制造业增加值增速为6.7%,超过了工业增加值增速1个百分点。2020年我国工业增加值增速大幅降低,这主要与中美贸易摩擦升级有关,国内外的经济发展形势均十分不利,导致实体经济发展受限。2020年我国装备制造业增加值增速下降为6.6%,工业增加值增速下降为2.8%,装备制造业增加值增速超过工业增加值增速3.8%,说明尽管2020年工业增加值增速大幅下降,但装备制造业的发展趋势依旧良好。从增加值占比来看,2015—2020年,装备制造业的增加值占比都集中在32%～33%,说明装备制造业作为制造业中的龙头行业,对我国的工业发展乃至经济发展都具有十分强劲的促进作用。

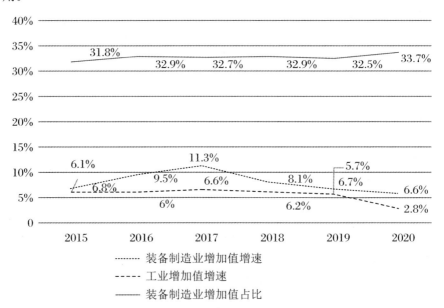

图3.7　2015—2020年我国装备制造业增加值增速、工业增加值增速及装备制造业增加值占比
数据来源:《中华人民共和国国民经济和社会发展统计公报》。

此外,我们还将从规模以上企业数量、企业资产总额、企业利润总额对装备制造业的规模现状进行分析,具体见表3.6。

表 3.5 2015—2020 年我国装备制造业增加值增速、工业增加值增速及装备制造业增加值占比

年份	装备制造业增加值增速	工业增加值增速	装备制造业增加值占比
2015	6.8%	6.1%	31.8%
2016	9.5%	6%	32.9%
2017	11.3%	6.6%	32.7%
2018	8.1%	6.2%	32.9%
2019	6.7%	5.7%	32.5%
2020	6.6%	2.8%	33.7%

数据来源:《中华人民共和国国民经济和社会发展统计公报》。

表 3.6 装备制造业的规模现状

指标	装备制造业		工业		装备制造业占比	
	2005 年	2021 年	2005 年	2021 年	2005 年	2021 年
规模以上企业数量(个)	83315	169007	271835	441517	30.65%	38.28%
规模以上企业资产总额(万亿元)	6.85	52.48	24.48	146.67	27.99%	35.78%
规模以上企业利润总额(万亿元)	0.36	3.01	1.48	9.29	24.42%	32.4%

数据来源:《中国统计年鉴》《中国工业统计年鉴》。

从规模以上企业数量来看,2005 年我国装备制造企业数量为 83315 个,2021 年增长到 169007 个,约是 2005 年的 2 倍,2005—2021 年装备制造企业数量年均增长率为 6.43%。2005 年工业企业数量为 271835 个,2021 年上涨为 441517 个。其中,装备制造企业占比从 2005 年的 30.65%上升为 2021 年的 38.28%。我国装备制造企业中有许多位列世界五百强,如中国第一汽车集团有限公司、中国航空工业集团有限公司、中国兵器工业集团有限公司、中国电子科技集团有限公司等。

从规模以上企业资产总额来看,2005 年我国装备制造企业资产总额为 6.85

万亿元,2021年增加了约6.66倍,为52.48万亿元。2005年工业企业资产总额为24.48万亿元,2021年增加了约5倍,为146.67万亿元。其中,装备制造业占比不断增加,从27.99%上升到35.78%。

从规模以上企业利润总额来看,2005年我国装备制造企业利润总额为0.36万亿元,2021年增加了约7.36倍,为3.01万亿元。2005年工业企业利润总额为1.48万亿元,2021年增加了约5.28倍,为9.29万亿元。其中,装备制造业占比不断增加,从24.42%上升到32.4%,盈利能力不断扩大。

综上所述,我国装备制造业发展迅速,在工业体系中的占比也不断增加,正逐渐成为经济发展中的支柱型产业。

二、产业结构

我国装备制造业的门类众多,按GB/T 4754—2017标准划分,主要可划分为金属制品业,通用设备制造业,专用设备制造业,交通运输设备制造业,电气机械及器材制造业,计算机、通信和其他电子设备制造业,仪器仪表制造业。其中,交通运输设备制造业自2012年后又细分为汽车制造业和铁路、船舶、航空航天和其他运输设备制造业。具体见表3.7。

表3.7 2020年装备制造业细分行业主要指标情况

细分行业	主营业务收入(亿元)	增速(与2019年相比)	利润总额(亿元)	增速(与2019年相比)	资产总额(亿元)	增速(与2019年相比)
金属制品业	39034.35	6.84%	1881.71	5.36%	32971.57	10.05%
通用设备制造业	41166.75	4.17%	2963.26	11.86%	48383.29	7.49%
专用设备制造业	33853.37	12.08%	2999.24	29.07%	47463.16	14.78%
汽车制造业	81703.92	1.6%	5062.89	−0.73%	84079.75	4.07%
铁路、船舶、航空航天和其他运输设备制造业	15511.3	5.06%	817.37	3.24%	25699.37	8.25%
电气机械及器材制造业	69306.55	6.75%	4275.53	8.42%	77118.99	10.49%
计算机、通信和其他电子设备制造业	123807.96	10.67%	6252.94	16.36%	129821.1	14.93%
仪器仪表制造业	8188.4	7.47%	887.42	17.58%	11608.21	13.53%

数据来源:《中国统计年鉴》《中国工业统计年鉴》。

从主营业务收入来看,2020年装备制造业细分行业收入分化特征明显。其中,计算机、通信和其他电子设备制造业营业收入达到123807.96亿元,在装备制造业中占比最高,达到30%;汽车制造业占比达到19.8%;仪器仪表制造业占比最少,仅为1.98%。从增速来看,专用设备制造业以12.08%的增长速度排在首位,汽车制造业同比增长最小,仅为1.6%。

从利润总额来看,2020年装备制造业各行业差异明显。其中计算机、通信和其他电子设备制造业利润总额最大,达到6252.94亿元,较2019年增长了16.36%;汽车制造业利润总额达到5062.89亿元,但较2019年出现负增长,同比下降0.73%;专用设备制造业利润总额增速达到29.07%,增速最快。

从资产总额来看,2020年装备制造业各细分行业资产总额实现稳步提升。其中,计算机、通信和其他电子设备制造业资产总额最高,达到129821.1亿元,占整个装备制造业资产总额比重为28.4%;汽车制造业占比为18.4%。从增速来看,计算机、通信和其他电子设备制造业增长幅度最大,较2019年增长14.93%;汽车制造业同比增长最小,仅为4.07%。

综上所述,在装备制造业产业结构现状分析中,无论是从资产总额、主营业务收入还是利润总额来看,计算机、通信和其他电子设备制造业的表现都是最优异的,规模最大,收入最高,利润也最多。相反,汽车制造业和仪器仪表制造业的发展均处于下降态势,各方面的总额都处于最低水平。出现这种情况的主要原因是,自信息技术革命浪潮以来,我国在积极地进行装备制造业的转型升级和智能化建设,更加注重高端装备制造业的发展,不断加强创新型装备制造业的建设,以进一步打造出装备制造业的全球竞争新优势。

第五节 装备制造业发展面临的问题

一、我国装备制造业资源与环境问题突出,环境规制逐步加强

我国装备制造业长期以来都依靠粗放型生产模式,在其加工制造的过程中需要消耗大量的资源以及能源,随着我国装备制造业不断扩大生产规模,其企业数量也在持续增加,对资源及能源的不合理利用导致环境污染越发严重。不论是在能源消耗总量方面,还是在三废排放总量方面,都在逐年上升。从能源消耗方面来看,金属制品业、交通运输设备制造业、通用设备制造业这三个行业的能源消耗总量较高。2017年之后,由于我国大力发展高端装备制造业,在通用设备,计算机、通信和其他电子设备制造业方面的能源投入量加速增长。但

在2013年之后,我国装备制造业能源消耗总量虽然持续增加,但增速开始放缓。

长期以来,我国装备制造业消耗的能源种类主要集中在煤炭、焦炭方面。煤炭的消耗量在2010年之后开始下降,2018年降低到985万吨。焦炭的消耗量在2011年之后开始下降,2018年降低到832万吨,尽管这些强污染能源的消耗量在不断降低,但在装备制造业消耗的能源中仍占比最大。而天然气这种清洁能源的使用量虽然在逐年增长,但占比仍然较小。这说明我国装备制造业在不断朝着清洁能源化方向发展,但任重道远。

从三废排放量来看,装备制造业的总体碳排放量在2011年达到了峰值,2011年之后处于下降趋势。从细分行业来看,金属制品业、交通运输设备制造业和通用设备制造业的碳排放量较高。煤炭、焦炭等强污染、高碳排放的能源使用导致了我国装备制造业碳排放总量长期处于较高水平。我国明确指出装备制造业应进行低碳绿色转型,降低能源消耗,减少污染物排放,为此我国不断加强环境规制方面的要求,出台了一系列环境保护政策及制度。另外,从国际形势来看,某些发达国家对我国装备制造产品安全和品质等方面实行较高标准,通过制定繁琐的行业标准及认证体系、绿色贸易壁垒、环保措施等来维持他们的竞争优势,例如,欧盟发布的《关于限制在电子电气设备中使用某些有害成分的指令》和《报废电子电气设备指令》。这两大指令规定在电子电气产品中禁止使用铅、镉、汞、六价铬、聚溴联苯和聚溴二苯醚六种有害物质。这些限制无疑给我国某些装备制造出口企业带来更大的挑战,因此环境污染、资源浪费、国内外环境规制政策必定是我国装备制造业未来高质量可持续发展过程中必须重点关注的问题之一。

二、我国装备制造业自主创新能力不足,仍处于中低端发展之列

近几年来,我国装备制造业无论是在研发人员投入、研发经费投入方面,还是在专利申请数、新产品收入方面都呈上升趋势,且发展势头良好,但创新投入力度以及高新技术领域投入力度与创新型国家相比还较小。2019年,我国全社会研发投入为2.17万亿元,占GDP的比重为2.19%。其中,我国装备制造业自主研发经费投入为7868.03亿元,投入强度为2.07%,比2018年提高0.16个百分点,但仍低于美国(2.83%)、日本(3.26%)的投入强度。因此,与其他创新型国家相比,我国的自主创新能力依旧较为薄弱,我国的装备制造业仍处于中低端发展之列。2015—2019年我国加大了在高新技术装备制造业领域的投入力度,为的是打破国外高技术领域的垄断。同时在高技术核心领域方面的有效专利发明数也在2017年之后保持着较快的增长速度,创新能力也有所加强。

我国装备制造业当前大多从事的是组装等中间环节,技术含量较低、利润较小、制作工艺落后。国际厂商在高端核心零部件领域的先发优势仍然明显,我国高端装备制造业对外依存度较高,企业规模相对较小,抗风险能力较低。我国装备制造业重点领域的发展仍未取得突破性进展,如计算机高端芯片以及集成电路、新材料、生物制药等生产线装备大部分都依赖于进口。自主研发出的部分产品可靠性、稳定性不高,如国产五轴联动数控机床连续无故障时间仅为国外的2/3,精冲模寿命一般只有国外先进水平的1/3左右。我国企业在投入巨资研制出首套产品后,国外垄断企业往往会进行打压。同时,我国高端技术专业研发人才紧缺,高端装备行业在产品研发、设计过程中需要从业企业具有电气、光学、机械、信息化、自动控制等复合知识背景,并有丰富实施经验的专业人才。系统设计领头人以及各专业领域相关人才较难获得,且企业也需对相关人才进行有针对性的培养,这对行业的快速发展产生了一定的不利影响。

三、我国装备制造业结构性矛盾突出,产能过剩形势依然严峻

当前,由于产值规模不断扩大,我国装备制造业面临着产能过剩的情况,低端装备制造业市场饱和,高端市场则不足,预计在未来很长一段时间内我国装备制造业将会在底部继续盘整,此过程也为整个行业的转型升级提供了机会。其中,智能制造、服务型制造、核心基础零部件、绿色化装备等领域存在较多机会。

我国装备制造业结构性矛盾突出,2019年我国装备制造业各细分行业增长呈分化态势,其中计算机、通信和其他电子设备制造业及铁路、船舶、航空航天和其他运输设备制造业分别实现了12.39%和17.64%的利润增长;而汽车制造业和仪器仪表制造业在利润总额方面出现了负增长,分别下降了16.28%和3.29%。这进一步表明我国装备制造业存在结构性矛盾,主要体现在高端装备供给能力不足、服务型装备制造供给能力不足、装备制造业产品质量不高等方面。我国高端装备制造业升级改造进程缓慢、发展层次不高。此外,我国装备制造企业还普遍禁锢于传统生产模式,重生产轻服务,质量基础薄弱。同时,相关标准体系整体水平落后、结构不合理,标准更新缓慢,标准的研发能力相对薄弱,国际竞争力不强。

我国装备制造业产品质量普遍不高,但产能依旧过剩,主要体现为以下三点:

第一,从产品价格指数来看,2019年10月,我国制造业的采购经理指数(Purchasing Manager's Index,PMI)为49.3%,比同年9月下降0.5个百分点,制造业景气回落,而装备制造业的PMI为50.3%,高于制造业总体1个百

分点。但专用设备、计算机通信设备等制造业的生产指数位于55%以上的较高景气区间。尽管价格指数运行在景气区间内,制造业内部结构持续优化,但装备制造业在中低端产品方面依旧产能过剩、价格指数有所回落,市场需求不足将导致中低端装备制造业产品订货量下降、价格低迷。

第二,资产利用效率较低。2019年我国装备制造业总资产利润率为5.49%,比2018年降低了0.28个百分点。同时与制造业总资产利润率6.57%相比,资产利用效率仍有待提高。我国装备制造业资产利润率较低,资产利用效率有待提高,说明装备制造业产能过剩的问题严峻,同时,产能过剩的问题反过来也会给利润率的增长带来下行压力。

第三,服务提供水平不均。2019年我国制造业产成品存货为42817.8亿元,比2018年增加1029.3亿元,同比增长2.46%;2019年我国装备制造业产成品存货为19031.5亿元,比2018年增加787.4亿元,同比增长4.32%。从中可得出我国装备制造业产成品存货增速较快,但产能过剩形势依然严峻。

第四章　影响机理分析与模型构建

产业低碳转型本身是一个复杂的系统技术,制度创新和科技创新是两个独立的创新子系统,它们的创新主题和创新重点不同,但在产业低碳转型的发展中发挥着同样重要的作用。在本章中,我们将对低碳转型发展的影响机制的研究分为三个层面,分别为制度、技术和综合层面。

科技创新作为一种内部驱动力,是强化产业内部低碳的优势。制度则被看作产业转型和低碳化的外部驱动力。此外,二者之间存在着密切的互动关系,首先,技术通过正反馈机制,可以诱发总体结构的变化,从而通过改变规模经济和优化资源配置,促进不同层面的制度创新。其次,制度可以影响和约束企业的组织行为,进一步确定企业创新的方向,消除技术偏差的消极方面,正确引导产业发展,然后通过一套对企业有强大动力作用的激励机制,促进企业不断进行技术创新,如图 4.1 所示。

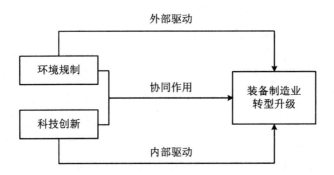

图 4.1　环境规制、科技创新对装备制造业转型升级作用机理模型

第一节 影 响 机 理

一、制度层面

制度层面主要涉及环境规制。根据外部性理论,环境属于公共物品,市场机制无法应对污染造成的负外部性,因此政府需要建立制度机制,通过环境监管来恢复环境。环境规制这样的外部驱动力,可以直接影响装备制造业在生产成本方面的发展,也可以通过其他一些经济变量,间接影响装备制造业的内部转型升级,如图4.2所示。

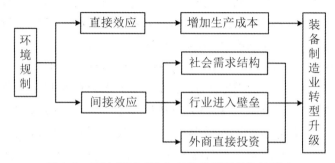

图4.2 环境规制对装备制造业转型升级的影响

1. 环境规制通过成本效应直接影响装备制造业转型升级

环境规制最直接的短期影响是使设备制造商的成本增加。如果企业不受环境规制,那么一般不会主动去控制污染。

一方面,环境治理投入带来合规成本的增加。当企业受制于政府的制度规定时,它们通常会在短期生产之外花费大量资金,购买更先进、更节能的机器和设备,或安装污染控制设施,以达到所在行业或地区的核定排放标准。

如果企业超标排放污水、废气和其他污染物,生产设备的企业就会背上超标的后果,被要求缴纳有关部门的罚款,如缴纳污染税等,导致一些企业在市场上的声誉和信誉下降,或者暂停生产线或设备的生产,导致产品不能按时交货而承担违约赔偿费用。

同时,环境规制的实施会限制煤炭、石油等资源的开采和利用,导致供应链上游源头企业要素价格上涨,带来企业原材料价格的上涨。因此,这些用在环境治理中的额外投入并没有用于企业的生产中,企业的产出并没有增加,根据投入产出比,企业投入增加,在产出不变的情况下,生产率自然会下降。

另一方面,环境治理投入会造成生产性投资挤出。假定企业资金有限,额外增加的规制成本,会造成企业本计划用于简单投资再扩大生产的资料和技术研发的生产资本被占用,企业产出下降,利润率下降,抑制了生产率,从而阻碍了装备制造业转型升级。

2. 环境规制通过进入壁垒来影响装备制造业转型升级

壁垒效应是企业进入某行业需要考虑的重要因素。

一方面,对于在位企业而言,政府环境规制的执行会使装备制造业中一些工艺落后、效率低下的企业逐渐被市场淘汰,行业内资源重新进行配置,经受住考验的在位企业形成垄断,生产能力得到进一步提高。

另一方面,对于潜在企业而言,为了从源头上减小环境污染型企业的规模,政府或产业协会一般会对该行业新进入的装备制造企业提出比较严格的要求。

就资本壁垒来看,新进入的企业必须采购某种符合国际标准的污染治理设备去满足日常生产经营活动,这增加了企业的固定资产投资。就技术壁垒而言,企业为了提高竞争力,满足绿色制造的要求,会积极进行相关工艺创新,从而对潜在企业形成技术壁垒,使得新进入的企业处于劣势地位。例如,在新能源汽车制造方面,部分企业在动力电池技术、汽车压燃技术等节能技术方面形成技术优势,对传统汽车企业朝着新能源方向发展形成壁垒要求。

3. 环境规制通过外商投资影响装备制造业转型升级

装备制造业作为我国经济建设的关键基础产业,目前仍是国际直接投资(Foreign Direct Investment,FDI)的热点领域。

首先,在开放经济下,FDI 的引入可以为东道国或者地区提供丰富的资本,资金的流入能够弥补产业发展过程中优质企业面临的资金紧缺问题。装备制造企业在得到相应资金的支持下能够进行大量自主研发,购买先进生产设备,从而使综合生产效率得到提升。

其次,FDI 的引进往往还可以通过员工培训等形式实现,加快人员流动,当跨国企业与我国本土装备制造企业在进行沟通交流合作时,内资企业可以从中通过学习与模仿的方式学习吸收跨国企业先进的专业技术与管理经验知识,如节能减排技术的引进模仿创新,从而促进本土装备制造企业对自身生产流程和技术研发流程的改进和优化升级,有利于减少污染物排放,优化能源结构,提高企业的生产率。

最后,外商投资的引进也会产生市场竞争,外资企业由于技术、人才、管理优势,产品在市场上具有竞争力,从而倒逼当地在位装备制造企业进行现有资源的合理配置,有效提高各部门的生产效率,进行新产品、新技术的研发。

但同时 FDI 也可能造成挤出效应,东道国为了促进当地经济的发展,出台了多项优惠政策吸引外商进入,从而跨国外资企业可能凭借内外部优势在当地行业内形成市场垄断,本土部分企业由于对FDI技术溢出效应的学习与吸收能力较弱,从而被挤出市场。

4. 环境规制通过社会市场需求结构影响装备制造业转型升级

从微笑曲线来看,基于市场需求实现装备制造业转型升级强调的是一种后端驱动,如商业模式创新,注重从品牌和服务入手,深入挖掘顾客需求,创造更多用户价值。企业在前端进行基础研究带来的新技术和知识能够为市场带来革新式的产品,作用于原有的需求结构,形成产品的更新换代,带来创新成果的产业化,获得更多的经济利益,从而倒逼产业朝着技术水平更高的方向转型升级。

需求是产业发展的原动力,一个企业进行投资生产的目的就是销售产品、赚取利润。一方面,市场需求发生着变化。从消费需求端来看,根据马斯洛需求层次理论,随着人们收入水平的不断提高,消费者对产品的需求变得更加高度化和多元化。政府环境规制的实施通过价值引领,可以有效地培养消费者的环保低碳生活理念,改变消费者的购买偏好,使其倾向于选择那些高技术绿色环保型产品。消费者消费需求的变化可诱导企业改变自身原有的生产工艺或流程,调整产品结构,进一步完善相关产品的功能,提高最终产品的质量去满足市场要求,从而扩大市场份额。另一方面,投资需求也发生着变化。环境规制会影响市场的投资需求,进而影响产业转型升级,环境规制的约束使得市场上的投资者将资本更多地投入绿色制造企业,如对新能源汽车进行补贴等,进而能够增加资本对节能环保型装备制造企业的投资需求,这些新兴环保企业凭借着更多的资金支持而实现快速发展,竞争力增强,从而吸引更多的企业调整创新方向,带来装备制造业的产业内部升级。

综上所述,我们可提出假设1。

H1:环境规制程度的加强有助于促进装备制造业转型升级。

二、技术层面

技术层面主要涉及科技创新。科技创新作为内生动力,可以通过催生新兴产业、优化生产要素配置、扩散及渗透新技术、刺激市场需求等带动产业低碳化,同时,科技创新通过催生新兴产业,促进装备制造业转型升级。

一是技术的突破性或颠覆性创新可能使原有产品的性能发生变化,产品附加值提高,催生出新的效用,创造新的市场需求;二是技术进步加速了知识密集型要素的替代,传统的生产分工体系被打破,进而可能逐步摧毁旧的主导产业,通过突破性或颠覆性成果引起新兴产业的形成;三是技术的不断融合可以使得装备制造业内部不同行业与外部其他产业之间通过产业融合形成新行业,如智能制造技术催生出高档数控机床、工业机器人等高端装备制造业,以高效能锂电池为代表的新能源绿色技术催生出新能源装备、节能环保装备行业等,传统汽车制造企业利用新能源技术等改造传统生产工艺从而嵌入新能源汽车领域产业链,成为智能低碳化的代表,如图4.3所示。

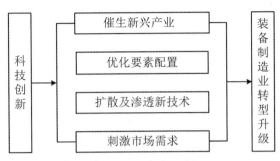

图 4.3　科技创新对装备制造业转型升级的影响

1. 科技创新通过优化要素配置效率带来装备制造业转型升级

创新要素的投入能够带来新工具、新方法以及先进设备的引进等,这些产业过程的创新方式改善了传统装备制造企业原有的生产模式,优化了工艺流程,淘汰了落后的设备等,减少了企业对原材料、劳动力等传统生产要素的依赖。如通过开发现有能源,利用节能技术降低能源和资源消耗,提升生产效率和资源利用率,减少对环境的污染。此外,在市场经济条件下,装备制造业内部不同行业间都有着各自的经济技术特征,技术进步的速度和效果在各个行业中是不同的,必然会存在生产率差异。因此生产要素的逐利性驱使要素流动主体流向生产效率高、知识密集型创新性的部门,激活要素的活力,从而促进该行业的成长和发展,带来产业内部升级。

2. 数字技术、数字经济、碳吸收、碳捕捉等的扩散及渗透推动装备制造业转型升级

科技创新带来的技术进步,如人工智能、区块链、数字制造等高新技术的广泛应用,能够使装备制造企业的生产工艺过程变得智能化和柔性化,从而使企业的整个生产过程在新技术扩散及优化要素配置催生新兴产业、刺激市场的需求下得到高质量的管理和控制,提高生产效率,减少能源消耗,进一步扩大生产前沿面。

数字技术、数字经济可以连接不同的资源,优化要素市场和生产企业内部的资源配置效率。信息数字化导致传统有形生产要素的内部形态发生转变,一些有形生产要素成为附着数字符号的无形生产要素。新型数字技术拓展了要素市场和劳动力市场的信息交流渠道。

数字经济在倒逼中小制造企业转型升级的同时,重构了装备制造企业的生产方式。信息技术、互联网技术和工业智能化逐步成熟,在数字经济的不断发展下将逐步渗透到传统产业中。装备制造业在初始阶段若要发展数字经济,需要投入高额的研发成本,但一旦客户规模达到临界点,就会通过数字经济形成较为理想的正反馈循环,产生强大的马太效应。许多传统的中小型制造企业从事劳动和资本密集型生产活动,企业的数字化水平明显偏低。在市场竞争机制下,数字化程度高的制造企业可以通过竞争等各种方式去迫使这些低附加值、低效率的企业进行变革和现代化改造,优化装备制造业的全要素生产率。

数字经济重塑了制造业内部的就业结构,对就业结构的优化有着巨大的影响,促使装备制造企业的人力资本结构朝着高级化的方向转变。数字经济充分优化了制造业的自动化程度,自动化程度能够极大地提高装备制造业的效率,重复性和简单的工作随着企业数字化的进程被机器和计算机所取代,更复杂和更具技术性的工作则被创造出来。其中,人力资本结构薄弱的中等和低技能劳动力正在逐渐被淘汰,而受过高等教育或拥有特殊技能的高技能劳动力由于其具有不可替代的能力,在数字化转型的过程中可以获得更强的比较优势。数字经济将装备制造企业的人力资本结构提升到了更高的水平,也为制造业的高质量发展提供了新的活力。

数字经济的包容性是快速增长和供需动态匹配的技术要求的主要提供者。一方面,随着数字终端的普及以及社会经济的不断增长,针对企业客户和个人消费者的电子商务平台从网络外部性中获益,并日益扩大其影响力,刺激了多样化的消费需求。另一方面,数字经济的发展将使设备制造商能够利用内部和外部的数字技术(如数字平台和大数据)来锁定客户,实现规模经济和范围经济,降低成本和实现业务多样化。数字经济的发展会对科技创新和传播产生一定的影响,并通过科技创新促进生产质量的提高。随着数字经济的发展,双向网络可以整合资源,加强企业在需求方和供应方间的创新活动,企业利用创新资源的能力将得到显著提升。信息技术可以通过三种方式提高装备制造业部门的创新效率:通过上游的溢出效应,通过研发与制造及应用部门之间的互动效应,以及通过设备行业作为工业部门创新的主要驱动力。数字经济在技术创新中发挥着关键作用,促进了装备制造业整体生产力的强劲增长。

碳捕获和碳存储技术是指从与工业和能源相关的生产活动中分离二氧化碳,并将其运输到对应的合适的储存地点,长期与大气隔绝的过程。

综上所述,我们可提出假设2。

H2:技术创新的提升有利于装备制造业转型升级。

三、综合影响

在前文分析了环境规制和科技创新单个变量分别对装备制造业转型升级的影响机理的基础上,本节将根据协同原理,通过引入交互项,进一步分析二者协同对装备制造业转型升级的影响。

一方面,科技创新的周期性与风险性导致企业在进行选择时会受到内外环境的影响,最终的决策结果取决于多方主体的共同博弈。而长期稳定连续的环境规制政策的制定,可以为企业下一步的科技创新方向提供引导,从而消除企业的不安全预期,激发企业开展对周期较大、耗费过高的绿色清洁技术发展项目的研究,从源头进行治理。相关研究也表明,在没有环境规制政策的约束下,科技创新产出与工业污染物的排放量呈正相关。但是当开始进行环境规制时,创新产出与工业污染物排放量呈负相关,科技创新只有在环境规制政策下才会同时关注提高经济增长和减小环境污染。

另一方面,企业的科技创新也会反作用于政府的环境规制。随着企业技术水平的不断提升,装备制造企业的生产方式得到改善,朝着清洁化和高端化方向迈进,更容易达到地区政府或行业原有设定的规制标准,而此时占据主导地位的领头羊企业为了获得市场垄断地位,会考虑寻租行为,通过游说政府去实施更为严格的规制从而抬高进入行业的门槛,进一步引起环境规制政策工具的拓展和调整。可见,二者是互相影响的。关于二者协同对装备制造业转型升级表现为促进还是抑制,取决于环境规制与科技创新协同后带来的成本挤出效应与创新补偿效应的大小。

第一,成本挤出负向效应。传统学派遵循规制成本假说,认为在环境规制实行初期,由于制度不健全或力度较小,企业创新动机不足,加上创新本身具有高成本和高风险性,企业一般选择被动接受工业污染物末端治理方式,安装环保治污设备。而企业的科技创新活动需要投入大量资本、劳动力等生产要素作为基础保障,在企业资金有限,原投入不变时,额外治理投入会带来企业成本支出的增加,加重企业的负担,使企业本计划用于提高产品质量、性能等方面的科研经费可能由于该制度的执行而被中断,表现为挤出效应。在这种情况下,虽然环境规制使得企业减少污染的排放,但科技创新作为内部推动力,对装备制造业转型升级的影响效应会大幅降低。从这个角度而言,二者协同对装备制造业转型升级的影响是负向的。

第二,创新补偿正向效应。波特假说认为适度的环境规制可以引导企业进行创新技术范式的转换,影响企业科技创新战略方向的调整。装备制造企业作为营利性主体,追求利润最大化,当面临环境规制政策时,往往会通过权衡与比较寻求最佳策略,以最小的成本去遵守新规则。随着环境规制强度的增加和政策的不断完善,从长期来看,企业意识到技术革新的重要性,其通过简单的末端治理技术去终端分解污染物,从而将其转化,这种以"治"为主的方式已经不能满足其约束标准。因此当科技创新水平较高时,企业会及时调整策略,由被动治理转向主动治理,积极进行绿色科技创新,摒弃落后的技术与生产工艺,选择改进的新型工艺-产品创新模式,通过新材料替代等方式从生产源头上达到减排目标,表现为创新补偿效应(图 4.4)。可见,企业在不断进行科技创新的同时,也带来了污染物排放的减少,实现了双赢,进而二者能在更大程度上促进装备制造业转型升级。

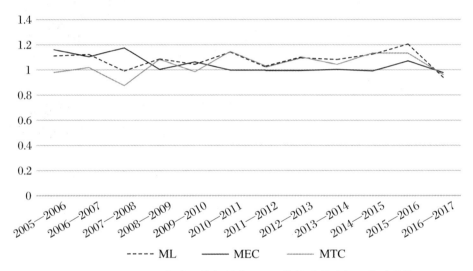

图 4.4　2005—2017 年我国装备制造业 ML 指数及其分解项变动趋势

注:图中 MEC 指技术效率指数,MTC 指技术进步指数。

综上所述,我们可提出假设 3。

H3:环境规制和科技创新的交互效应提升有利于装备制造业转型升级。

第二节　数据来源与说明

本节从地区和行业两个层面分别进行数据搜集与整理,其中数据来源于两个方面:

一是来自官方已公布数据。如《中国统计年鉴》《中国工业统计年鉴》《中国科技统计年鉴》《中国环境统计年鉴》《中国能源统计年鉴》以及 EPS 数据库、中国经济信息网、各省份统计年鉴、政府工作报告等,地区和行业时间跨度均为2005—2017年。

二是对于缺失数据,本节根据已有研究及统计年鉴,通过采用线性插值法、趋势外推法、增长率法等进行整理测算填补。另外,为缓解异方差的问题,对部分变量取对数处理。

第三节 模型构建

通过分析环境规制作为外部驱动力对装备制造业转型升级的影响、科技创新作为内部驱动力对装备制造业转型升级的影响以及二者协同对装备制造业转型升级的影响,我们构建了以下三个模型:

首先,为了检验环境规制对装备制造业转型升级的影响,根据现有研究结果及本章的影响机理分析,此处构建模型Ⅰ,具体如式(4.1)所示。

模型Ⅰ:检验环境规制对装备制造业转型升级的影响。

$$\text{Stru}_{it} = \alpha_0 + \alpha_1 \text{er}_{it} + \alpha_2 \text{er}_{it}^2 + \alpha_i \text{con}_{it} + \varepsilon_{it} \tag{4.1}$$

其次,为了检验科技创新对装备制造业转型升级的影响,此处构建模型Ⅱ,具体如式(4.2)所示。

模型Ⅱ:检验科技创新对装备制造业转型升级的影响。

$$\text{Stru}_{it} = \beta_0 + \beta_1 \text{lntech}_{it} + \beta_i \text{con}_{it} + \varepsilon_{it} \tag{4.2}$$

最后,环境规制与科技创新关系密切,为了进一步考察二者协同对装备制造业转型升级的影响是否存在双轮驱动,此处根据周柯和王尹君(2019)、李翔和邓峰(2019)、郭捷和杨立成(2020)的研究成果,引入环境规制与科技创新的交互项来表示二者的协同效应,探究其对装备制造业转型升级的影响。此处构建模型Ⅲ,具体如式(4.3)所示。

模型Ⅲ:进一步考察环境规制与科技创新二者协同对装备制造业转型升级的影响是否存在双轮驱动,引入环境规制与科技创新的交互项来表示二者的协同效应,探究其对装备制造业转型升级的影响。

$$\text{Stru}_{it} = \gamma_0 + \gamma_1 \text{er}_{it} + \gamma_2 \text{lntech}_{it} + \gamma_3 \text{erlntech}_{it} + \gamma_i \text{con}_{it} + \varepsilon_{it} \tag{4.3}$$

在以上三个公式中:

i——装备制造业某细分行业或某地区;

t——年份;

Stru_{it}——装备制造业转型升级指标;

er_{it}——环境规制指标;

lntech$_{it}$——装备制造业科技创新指标;

erlntech$_{it}$——环境规制与科技创新二者协同指标;

con$_{it}$——影响装备制造业转型升级的控制变量;

ε$_{it}$——随机误差项。

对装备制造业转型升级的测度主要从行业层面与地区层面划分,围绕全要素生产率和劳动生产率展开测算。行业层面采用 SBM 方向距离函数结合 ML 指数测度装备制造业细分行业 2005—2017 年的绿色全要素生产率;地区层面则选取劳动生产率,即装备制造业主营业务收入与平均用工人数来衡量地区装备制造业转型升级水平。

第四节 变量选取

本节从行业和地区两个层面,就环境规制、科技创新以及二者协同对装备制造业转型升级的影响选择相关变量进行实证测算。

一、被解释变量

在研究制造业转型升级时,一部分学者从产业结构调整或产业升级的视角出发,一部分学者从全球价值链或产业内升级的视角出发,用制造业全要素生产率、生产效率(即劳动生产率)、增加值率等对其进行衡量。因为本书主要关注装备制造业的产业内升级,所以围绕全要素生产率和劳动生产率展开测算,其中行业层面和地区层面的变量选取如下。

1. 行业层面

参考曲振涛和林新文(2019)的研究,选用绿色全要素生产率来衡量装备制造业的转型升级。在具体测算时,本节借鉴已有的相关研究成果,采用 SBM 方向距离函数结合 ML 指数测度装备制造业细分行业 2005—2017 年的绿色全要素生产率。

(1) SBM 方向距离函数

此处参考 Tone(2001)、Fukuyama 和 Weber(2009)的研究成果,考虑能源和环境的 SBM 方向距离函数,如式(4.4)所示。

$$S_v^t(x^{t,k}, y^{t,k}, b^{t,k}, g^x, g^y, g^b) = \max_{s^x, s^y, s^b} \frac{\frac{1}{N}\sum_{n=1}^{N}\frac{s_n^x}{g_n^x} + \frac{1}{M+I}\left(\sum_{m=1}^{M}\frac{s_m^y}{g_m^y} + \sum_{i=1}^{I}\frac{s_i^b}{g_i^b}\right)}{2}$$

$$\text{s.t.} \begin{cases} \sum_{k=1}^{K}\lambda_k^t x_{kn}^t + s_n^x = x_{kn}^t, \forall n; \\ \sum_{k=1}^{K}\lambda_k^t y_{km}^t - s_m^y = y_{km}^t, \forall m; \\ \sum_{k=1}^{K}\lambda_k^t b_{ki}^t + s_i^b = x_{ki}^t, \forall i; \\ \sum_{k=1}^{K}\lambda_k^t = 1, \lambda_k^t \geq 0, \forall k; \quad s_n^x \geq 0, \forall n; \quad s_m^y \geq 0, \forall m; \quad s_i^b \geq 0, \forall i \end{cases}$$

(4.4)

(2) ML 指数

根据 Chung(1997) 提出的模型，对 t 到 $t+1$ 期的 ML 指数进行测算。如式(4.5)所示。

$$\begin{aligned}
\text{ML}_t^{t+1} &= \left\{\frac{1+\overrightarrow{S_0^t}(x^t, y^t, b^t; g^t)}{1+\overrightarrow{S_0^t}(x^{t+1}, y^{t+1}, b^{t+1}; g^{t+1})} \times \frac{1+\overrightarrow{S_0^{t+1}}(x^t, y^t, b^t; g^t)}{1+\overrightarrow{S_0^{t+1}}(x^{t+1}, y^{t+1}, b^{t+1}; g^{t+1})}\right\}^{\frac{1}{2}} \\
&= \frac{1+\overrightarrow{S_0^t}(x^t, y^t, b^t; g^t)}{1+\overrightarrow{S_0^{t+1}}(x^{t+1}, y^{t+1}, b^{t+1}; g^{t+1})} \\
&\quad \times \left\{\frac{1+\overrightarrow{S_0^{t+1}}(x^t, y^t, b^t; g^t)}{1+\overrightarrow{S_0^t}(x^t, y^t, b^t; g^t)} \times \frac{1+\overrightarrow{S_0^{t+1}}(x^{t+1}, y^{t+1}, b^{t+1}; g^{t+1})}{1+\overrightarrow{S_0^t}(x^{t+1}, y^{t+1}, b^{t+1}; g^{t+1})}\right\}^{\frac{1}{2}} \\
&= \text{MEC}_t^{t+1} \times \text{MTC}_t^{t+1}
\end{aligned}$$

(4.5)

基于数据的可得性，此处参考孟祥宁和张林(2018)、郑国姣和常冉(2019)、王兵和杨欣怡(2019)、徐薛飞等(2020)的研究成果，对装备制造业要素投入与产出测算指标进行选取，具体指标选取见表4.1。

表4.1 装备制造业要素投入与产出指标选取

一级指标	二级指标	三级指标
投入	资本	固定资产净值
	人力	平均用工人数
	能源	能源消耗总量
产出	期望产出	销售产值
	非期望产出	碳排放

数据来源：《中国统计年鉴》《中国工业统计年鉴》《中国能源统计年鉴》及中国碳核算数据库网站。

装备制造业要素投入与产出数据描述性统计见表4.2。

表4.2 装备制造业要素投入与产出数据描述性统计

类型	变量	单位	平均值	方差	最小值	最大值
投入	人力	万人	437.4	212.9	88.68	909.3
	资本	固定资产净值	6798	4763	517.1	20557
	能源	万吨标准煤	2503	1326	197.4	6366
	工业产值	亿元	37524	27814	2737	119722
产出	碳排放	万吨	1596	1125	72.81	5308

本节对装备制造业细分行业的ML指数进行测算，具体测算结果见本书附表。

其中，基于装备制造业细分行业的ML指数及其分解项测算，取其平均值得到整个装备制造业2005—2017年的ML指数及其分解项变动趋势，如图4.4所示。总体而言，2005—2017年我国装备制造业的转型升级得到了明显提升，这与当前我国大力推行智能、绿色、低碳转型有关。此外，从其分解项走势来看，2010年以前装备制造业ML指数的走势与MEC变化比较相似，说明装备制造业绿色全要素生产率的增长主要得益于MEC技术效率的增加，2010年之后装备制造业ML指数变动与MTC变动高度重合，表明2010年后装备制造业绿色全要素生产率的提升主要得益于技术的进步与提高。

从细分行业来看，各细分行业的ML指数变动情况见表4.3。2005—2017年装备制造业细分行业的ML指数均值都大于1，说明各细分行业均处于良性发展阶段。其中，交通运输设备制造业的ML指数增长最快，这主要得益于国家政策对汽车行业、高铁基础设施建设等的大力支持，而金属制品业的ML指数增长最缓慢。

表4.3 2005—2017年装备制造业细分行业ML指数变动

年份	金属制品业	通用设备制造业	专用设备制造业	交通运输设备制造业	电气机械及器材制造业	计算机、通信和其他电子设备制造业	仪器仪表制造业
2005—2006	1.0967	1.1239	1.1353	1.122	1.1457	1.0471	1.1013
2006—2007	1.1411	1.1369	1.1595	1.1659	1.1452	1.0166	1.0899
2007—2008	1.0049	1.034	1.0479	0.9906	0.9882	0.9231	0.9499
2008—2009	1.0331	1.0856	1.1648	1.1992	1.0169	1.0718	1.0322
2009—2010	1.0589	1.0362	1.0678	1.0872	1.0591	0.9846	1.0105
2010—2011	1.1431	1.1337	1.1425	1.0386	1.0749	1.2328	1.2204

续表

年 份	金属制品业	通用设备制造业	专用设备制造业	交通运输设备制造业	电气机械及器材制造业	计算机、通信和其他电子设备制造业	仪器仪表制造业
2011—2012	1.0596	0.9923	1.0825	1.0472	1.0277	1.0199	0.9195
2012—2013	1.0329	1.1074	1.0611	1.0898	1.0699	1.1873	1.1129
2013—2014	1.0074	1.0515	1.0458	1.1233	1.0904	1.1065	1.1455
2014—2015	1.1311	1.0473	1.0993	1.2181	1.0725	1.1742	1.1268
2015—2016	1.0624	1.0566	1.1061	1.3279	1.4376	1	1.452
2016—2017	0.9084	0.9604	0.9521	0.8672	0.8899	1	1

数据来源：根据 MaxDEA 8.0 测算结果整理。

此外，通过软件得出的 ML 指数是相对于前一期的变化率，需要作相关变化才能用作计量回归。此处参考李斌等（2013）、朱文涛等（2019）、杜龙政等（2019）的研究成果，设定 2005 年为基年，其绿色全要素生产率假定为 1，则 2006 年的绿色全要素生产率为 2005 年的绿色全要素生产率乘以 2006 年的 ML 指数，依此推算，即可得到装备制造业 2005—2017 年的绿色全要素生产率，即行业层面的装备制造业转型升级指标。

2．地区层面

基于受限数据的可得性和可比性，此处参考胡红安和仪少娜（2018）、陈如洁等（2019）的研究成果，选取劳动生产率（即装备制造业主营业务收入/平均用工人数）来衡量装备制造业转型升级指标。该指标越大，说明该地区装备制造业转型升级水平越高。

二、解释变量

行业层面和地区层面的解释变量选取如下。

1．行业层面

（1）环境规制（er）

现有文献对环境规制的衡量并没有统一的方法。一部分学者从污染治理成本的角度出发，另一部分学者从污染物排放量的角度出发。鉴于研究对象数据的可得性，此处参考相关学者（沈能，2012；鞠可一等，2020；宋典等，2020）的测算方法，选取装备制造业各细分行业废水和废气治理设施运行费用之和与行业产值之比衡量装备制造业各行业的环境规制强度，该指标越大，说明行业环境规制越严格。

(2) 科技创新(lntech)

目前对于装备制造业科技创新的衡量指标,一部分学者基于创新产出的角度,选取专利申请量或新产品销售收入指标进行衡量;另一部分学者从创新投入的角度出发,选取装备制造业自主研发经费内部支出指标进行衡量。本节认为当政府进行环境规制时,对装备制造企业的研发投入存在挤出效应和补偿效应,会使科技创新直接反映在装备制造业的研发经费内部支出中,所以应从科技创新投入的角度进行分析。

此处参考武运波和高志刚(2019)的研究,采用装备制造业各细分行业研发经费内部支出进行衡量。

2. 地区层面

(1) 环境规制(er)

一般而言,如果某地区政府环保意识越强,那么直观表现就是当地政府在环境污染治理方面的投资越多,当地企业受到的环境规制力度越大。本节借鉴已有文献研究,最终采用各地区的环境污染治理投资总额来衡量环境规制,该指标越大,说明该地区的环境规制越严格。

(2) 科技创新(lntech)

本节选取装备制造业研发经费内部支出进行衡量,该指标由各地区装备制造业规模以上细分行业加总而得。

(3) 数字经济(digital)

关于数字经济具体测度研究的相关文献较少,本节参考程中华等(2017)的做法,其中一个关键部分是互联网的发展与数字交易同时构建。具体来说,互联网的发展可用四个子指标来衡量,包括互联网普及率、相关产出、相关劳动力和移动普及率。数字交易可用北京大学和蚂蚁金服联合开发的中国数字金融普惠指数来衡量。在确定了上述几个指标后,本节对其进行了部分处理,最终得出数字经济发展水平的综合指标。

三、控制变量

装备制造业转型升级还受其他因素影响,借鉴前人的研究,行业层面和地区层面的控制变量选取如下。

1. 行业层面

(1) 盈利能力(pro)

装备制造业对资金的需求量越大,企业的盈利能力越强,对基础研究等自主研发投入力度越大,越能促进产业转型升级。本节选用规模以上装备制造业细分行业的利润总额来表示。

(2) 产权制度(soc)

国有及非国有企业的经济背景、组织模式的差异以及政府对其政策的倾斜力度不同等都会影响产业内的资源配置效率,从而对产业转型升级产生影响。本节参考王兵和杨欣怡(2019)的研究,选取装备制造业各细分行业规模以上国有控股企业主营业务收入占规模以上企业主营业务收入的比重进行衡量。

(3) 科技人员投入(lnrdl)

任何一个产业的创新升级都凝结着科技人员的劳动成果。一般而言,对科技人员的投入越多,该行业的产出能力越强,效率越高。本节选用装备制造业各细分行业规模以上工业企业科技人员全时当量进行衡量。

2. 地区层面

(1) 人力资本(hum)

一般认为,劳动力的受教育程度越高,知识储备以及消化吸收能力越好,可以更熟练地掌握技术,这会间接影响产业内部结构的调整。本节参考林春艳等(2017)的研究,将《中国劳动统计年鉴》中各省份就业人员平均受教育年限作为衡量指标。计算方法为:hum = 小学×6 + 初中×9 + 高中×12 + 大专及以上×16。

(2) 对外开放度(fdi)

地区的对外开放度能够加速国际资本间的流动,吸引外企进入,带来技术和知识的外溢,促进装备制造业转型升级。本节选取各地区实际利用外资额,并用各年份人民币对美元的平均汇价将其换算为人民币,计算其占当地 GDP 的比重。

(3) 经济发展水平(pgdp)

当前我国存在区域发展不平衡问题,一般而言,经济发展水平比较高的省份,创新环境良好,也更能吸引外资进入,从而带动地区企业的发展。本节选用各省人均 GDP 表示。

第五章　对装备制造业的实证分析

第一节　对装备制造业整个行业的实证分析

一、描述性统计

行业层面的变量描述性统计见表 5.1。为消除异方差,本节对部分变量进行了对数化处理。

表 5.1　行业层面的变量描述性统计

变量名称	平均值	标准差	最小值	最大值
Stru	1.531	0.585	0.941	3.891
er	5.793	12.38	0.917	114
soc	0.219	0.138	0.0469	0.62
lntech	5.676	1.158	2.737	7.602
lnrdl	11.59	0.931	9.124	13.03
pro	7.422	0.903	5.039	8.991
erlntech	2.913	0.839	1.523	6.389
er_2	185.1	1362	0.84	12993

注:erlntech 为环境规制与科技创新二者协同指标。

从表 5.1 中可以看出 Stru 的最大值为 3.891,最小值为 0.941,二者相差较大,表明装备制造业各细分行业之间在转型升级程度上存在很大差别。从 er 来看,最大值为 114,最小值为 0.917,二者相差较大,这进一步表明各行业间环境污染程度不同,政府实施的环境规制力度存在较大差异。装备制造业 lntech 的标准差为 5.676,说明装备制造业各细分行业在创新投入方面存在差异。

二、单位根检验

本部分采用 LLC 单位根检验方法,在数据回归之前测试各变量的序列平稳性,检验结果见表 5.2。从表中可以看出,所有研究变量在 LLC 单位根检验方法下都至少在 1% 水平下通过显著性检验,拒绝原假设,表明所有变量都通过平稳性检验,可进行后续面板数据回归。

表 5.2　单位根检验结果

变量名	LLC
Stru	-4.1534*** (0.0000)
er	-4.5616*** (0.0000)
lntech	-3.8752*** (0.0001)
lnrdl	-4.1642*** (0.0000)
pro	-3.9922*** (0.0000)
soc	-3.6802*** (0.0001)
er_2	-3.1132*** (0.0009)
erlntech	-2.6742*** (0.0037)

注:*** 表示 $p<0.01$。

三、实证结果分析

本节利用 Stata 17.0 软件在面板数据回归前分别对模型Ⅰ、模型Ⅱ、模型Ⅲ进行了 F 检验、Hausman 检验,结果见表 5.3。

表 5.3　模型形式检验

模型	F 检验	Hausman 检验
模型Ⅰ	F(6,84) = 26.67 Prob>F = 0	chi2(6) = 38.37 Prob>chi2 = 0
模型Ⅱ	F(4,86) = 39.65 Prob>F = 0	chi2(5) = 45.08 Prob>chi2 = 0

续表

模型	F 检验	Hausman 检验
模型Ⅲ	$F(6,84)=26.99$ $Prob>F=0$	$chi2(6)=46.93$ $Prob>chi2=0$

综合以上两个检验的对比,三个模型最终均选择固定效应进行回归分析。

表5.4展示了环境规制、科技创新对装备制造业整个行业的实证回归结果。

研究发现,环境规制对装备制造业转型升级的影响表现为显著的倒U形关系,科技创新表现为显著正向影响,环境规制与科技创新二者协同对装备制造业转型升级表现为正向影响,结果见表5.4。

表5.4 环境规制、科技创新对装备制造业转型升级影响的回归结果

变量	模型Ⅰ	模型Ⅱ	模型Ⅲ
er	0.059*** (0.0158)		-0.00826** (0.0036)
er_2	-0.00051*** (0.000138)		
lnrdl	-0.213 (0.155)	-1.683*** (0.288)	-1.705*** (0.284)
pro	0.741*** (0.145)	0.492*** (0.149)	0.448*** (0.146)
soc	-0.327 (0.532)	-0.255 (0.498)	-0.349 (0.484)
lntech		1.256*** (0.247)	1.304*** (0.243)
erlntech			0.183** (0.0695)
_cons	-1.675* (0.873)	10.32*** (2.156)	10.16*** (2.131)
R^2	0.65	0.689	0.715

注:* 表示 $p<0.1$,** 表示 $p<0.05$,*** 表示 $p<0.01$;_cons 表示常数项,R^2 表示决定系数。

具体分析如下:

从模型Ⅰ的回归结果来看,er对装备制造业转型升级的回归系数一次项为0.059,二次项为-0.00051,在5%水平下呈显著的U形关系,表现为先抑制后促进,说明适度的环境规制有利于装备制造业转型升级。但二者存在一个门槛

值,拐点之前呈正向作用,有利于装备制造业转型升级,当越过某个拐点后,对装备制造业转型升级产生明显的负面影响。原因在于环境规制过于严格会造成企业成本增加,利润降低,阻碍了企业的生产活动。适当的环境规制会产生一种倒逼机制,使得装备制造企业出于理性考虑,改变创新战略方向,积极主动地进行工艺和产品创新,从而促进其转型升级。

从模型Ⅱ的回归结果来看,lntech 的回归系数为 1.256,显著性为正($p<0.01$),说明科技创新对装备制造业转型升级呈现出积极的推动作用。装备制造业作为资本技术劳动力密集型产业,对自主研发投入资金的需求极高,且随着人口红利的消失,劳动力竞争优势已不明显,提高创新水平才是促进装备制造业转型升级的重要因素。

从模型Ⅲ的回归结果来看,erlntech 在 5% 的显著水平下表现为正相关,回归系数为 0.183,对装备制造业转型升级表现为促进作用。这说明当前装备制造业的环境规制强度与其自身的科技创新能力在共同作用于装备制造业转型升级的过程中,达到较好的协同配合力度,实现协调一致的发展。

第二节 对装备制造业细分行业的实证分析

装备制造业七大子行业在污染物排放、创新水平等方面存在显著差异。为进一步探究装备制造业细分行业之间的异质性,此处采用变系数面板数据 SUR 模型分析各细分行业之间的差异性,在模型Ⅰ、模型Ⅱ、模型Ⅲ中加入解释变量分别进行回归,结果见表 5.5。从表中可知,三个模型的 Breusch-Pagan LM 检验 p 值均显著,都拒绝无同期相关的原假设,这表明三个模型的 SUR 估计比单一方程分别回归有效。

表 5.5 环境规制、科技创新对装备制造业细分行业转型升级影响回归结果

行 业	模型Ⅰ		模型Ⅱ	模型Ⅲ
	er	er_2	lntech	erlntech
金属制品业	0.0730997***	-0.0016655***	0.6613823***	0.2527493***
通用设备制造业	0.402236***	-0.0452999**	1.131422***	0.3747499*
专用设备制造业	-0.0395355	0.0595017	2.462238***	0.5158066
交通运输设备制造业	-0.297131	0.0585668	2.811351***	0.6173171
电气机械及器材制造业	0.3642459***	-0.0671821***	1.436855***	0.0718003

续表

行 业	模型Ⅰ		模型Ⅱ	模型Ⅲ
	er	er_2	lntech	erlntech
计算机、通信和其他电子设备制造业	−0.0062282	−0.0023789	0.76539***	−0.085842***
仪器仪表制造业	−0.0144557	0.0001349	0.7985945***	0.0225276***
Breusch-Pagan LM 检验	chi2(21) = 49.291, Pr = 0.0005	chi2(21) = 83.474, Pr = 0	chi2(21) = 49.057, Pr = 0	

注：* 表示 $p<0.1$，** 表示 $p<0.05$，*** 表示 $p<0.01$。

从模型Ⅰ的回归结果来看，环境规制对金属制品业、通用设备制造业、电气机械及器材制造业的转型升级均呈现出显著的倒 U 形关系，表现为先促进后抑制。其余的行业都没有通过显著性检验，说明政府对这几个行业目前实施的环境规制政策效果并没有显现出来。

从模型Ⅱ的回归结果来看，lntech 对金属制品业、通用设备制造业等装备制造细分行业的转型升级均表现出显著的促进作用。就系数大小来看，交通运输设备制造业、专用设备制造业及计算机、通信和其他电子设备制造业的系数最大，而金属制品业的系数最小。这主要与当前国家对交通运输设备制造业及计算机、通信和其他电子设备制造业的投入力度较大，对金属制品业、通用设备制造业的研发投入较小有关。

从模型Ⅲ的回归结果来看，erlntech 在计算机、通信和其他电子设备制造业方面显著为负，表明二者之间没有达到激励配合状态，环境规制的成本挤出效应大于创新补偿效应，从而抑制了该行业的转型升级。此交互项在金属制品业、仪器仪表制造业方面显著为正，说明该行业的环境规制与科技创新水平达到协同，环境规制可以起到创新补偿正向效应，从而更好地促进行业的转型升级。此交互项在专用设备制造业、交通设备制造业、电气机械及器械制造业方面都不显著，说明在这三个行业中环境规制与科技创新二者协同的作用并未呈现出来，二者之间还没有达到协同一致的激励配合状态。

综上所述，根据上述论证，足以证明前文提出的假设 1、假设 2、假设 3 成立。其中，从模型Ⅰ、模型Ⅱ、模型Ⅲ的回归结果可以看出环境规制、科技创新对装备制造业各细分行业之间的转型升级存在显著的行业差异性。环境规制对各细分行业转型升级的影响主要呈现出 U 形和倒 U 形两种关系，环境规制在一定范围内才能促进该行业转型升级；科技创新对各细分行业均呈现出正向促进作用；环境规制与科技创新二者协同在各细分行业间呈现出促进和抑制两种效果。

第六章 促进装备制造业转型升级的对策与建议

一、优化环境规制政策体系,加快制度创新

环境规制是政府职能部门在宏观层面上的一种制度措施。当前我国环境规制体系同国外发达国家相比,强度比较低,形式相对比较单一,存在很多不健全、不完善的地方。因此,要从制度创新入手,加强制度层面的顶层设计,不断完善环境规制体系,制定强度适宜的环境规制政策,提高政策的可操作性。从模型Ⅰ的实证结果可以看出,环境规制对装备制造业的转型升级存在非线性关系,二者之间存在一个"度",也就是说如果环境规制力度设置不合理,会抑制装备制造业的转型升级。因此,为了更好地促进装备制造业朝着绿色智能化转型升级,政府要做好长期规划,合理制定与产业发展相契合的环境规制政策。

第一,制定差异化的环境规制政策。第五章由实证分析得出环境规制在装备制造业转型升级方面存在行业差异。不同行业因其生产流程、制造工艺、技术水平等的不同,对环境的污染程度也有所差别。政府应结合具体行业的特点,将权力下放,根据相关行业的不同情况自行制定相应的考核评价体系,秉持适度的理念,避免"一刀切"的治理模式。应深入调查装备制造细分行业的发展现状,充分考虑各细分行业的差异性,进行精准施策。

第二,加强污染控制力度,提高对装备制造企业的监督力度。目前,虽然我国的装备制造业在环境治理方面取得一定成效,但是随着产业规模的扩大,三废排放量仍在上升,尤其是金属制品业、交通运输设备制造业以及计算机、通信和其他电子设备制造业这些能源消耗大、废水、废气排放多,对环境污染严重的行业。因此,要严格规范相关行业的能耗、环保准入门槛,加强对相关企业信息披露制度的构建,及时掌握装备制造企业的环境产出状况,获取科学的环境数据对那些技术水平比较落后的生产工艺和高耗能设备企业进行限制,制定新的

排放标准和较为严格的能耗制度,加大违规处罚力度。

第三,采用多种类型的环境规制工具,将命令型、市场型、自愿型环境规制工具灵活综合使用并与优化环境规制政策相结合。政府通过出台财税补贴政策、节能减排税收优惠、物质奖励政策、绿色财政金融支持等市场型政策给企业提供外在型激励,鼓励和促进企业为净化排放而引进高效节能设备和进行自主绿色设计和制造。如通过命令型手段和环境税等迫使企业减少对低热值、高污染传统能源的消耗,控制能耗总量。同时利用市场价格机制,间接使能源价格上升,鼓励企业选择新能源替代以往的化石能源,增加清洁可再生能源的消费比例,从而在源头上改变企业的自身发展模式。此外,在社会公众层面,要加大对环保材料产品的宣传,培养消费者的绿色消费理念,使消费者主动倾向于购买绿色低碳的装备制造产品,激发新的市场需求,间接引导企业进行技术研发,从而增强环境规制效果,真正达到减排的目的。

二、加大创新投入力度,提高自主创新能力

从模型Ⅱ的实证结果来看,科技创新能够显著促进装备制造业转型升级。当前与装备制造业发达国家相比,我国装备制造业在创新投入方面的力度仍然较小,科研能力较差,关键核心零部件、工艺等主要依赖进口。因此增强科技创新能力是装备制造业顺应智能化、绿色化转型发展趋势必不可少的重要手段。

第一,加大研发经费投入力度。由于一项新技术的研发周期往往较长,风险较高,前期投入成本相对较高,需要大量资金做保障。政府要发挥好示范和引领作用,做好顶层设计,营造良好的外部环境,加大对装备制造业的科技投入力度,如以研发经费补贴、税收优惠减免、风险补偿、产业投资基金等方式给予支持,帮助企业进行绿色智能化转型升级。同时提高对所投入经费的监管力度,使其用到实处,提高经费的有效利用率。

第二,推进产学研协同创新。一方面,要完善创新体系,优化创新团队结构,鼓励企业牵头建立优势互补的协同创新联合体,充分整合科研机构、高水平大学等主体资源,集聚创新要素。如企业可以通过与高校或者科研机构联合建立实验室等进行研究合作,对环境中的共性技术问题进行协同攻关,研发新能源以及低碳领域的关键核心技术,从而带动装备制造业实现突破性发展。另一方面,要搭建信息共享平台,推进创新平台建设,及时将行业需求反馈给高校和科研院所,加强各主体间的技术交流和合作,打破获取创新资源的界限。如引导行业协会、智库机构等公共服务机构提供产学研合作、供需对接平台等服务。

第三,加强技术人才队伍建设。创新是一个系统工程,除了从研发资金上加大投入外,人才驱动也必不可少。高科技人才作为知识的载体,是企业的骨

干,也是创新的核心要素,直接影响创新成果的实现。一方面,坚持以人为本,营造一个创新氛围,通过股权激励、高工资等方式引进创新型人才。另一方面,完善人才教育体系,与条件吻合的高校进行合作,在高校建立二级孵化器,培养一批理论和应用兼具的科研人员。

第四,加强国内外合作交流。推动跨国企业在我国进行投资,与国外具有先进技术的装备制造企业进行交流合作,学习经验,提升企业自身的科研能力,加快绿色制造、智能制造等产业升级。同时,在引进国外先进技术时,要重视消化吸收与利用能力,不要单纯地引进或者模仿创新,形成创新惰性,而是要努力建立属于自己的研发中心,把重心放在提高自主创新能力上,提升自身吸收式学习的能力,通过不断摸索和发现进行二次创新,进而形成自己的核心产品,从而实现装备制造业突破性或颠覆性的技术创新。

三、树立制度创新和科技创新协同发展意识

从模型Ⅲ的实证结果来看,环境规制与科技创新二者协同能够对装备制造业转型升级产生影响,并且在不同的细分行业表现出促进和抑制两种效果。当前,从我国装备制造业来看,二者没有达到很好的激励配合状态,尚未起到协同作用。但基于第五章的机理分析,环境规制与科技创新协同的过程也存在正向创新补偿效应,从而能够共同促进装备制造业的转型升级。因此,未来在促进装备制造业绿色智能转型的过程中要树立二者协同发展意识。

第一,从政府的角度出发。政府未来要以制度创新和科技创新为导向,加强环境规制政策和创新驱动政策二者的协同对接,树立系统性思维,将二者当作一个有机的整体,强化环保部、科技部等多部门之间的统筹协调。在加大环境规制力度时,政府要科学合理地制定适合不同产业的规制政策和创新政策,要同时兼顾不同细分行业装备制造企业的环境污染和科技创新水平,综合考评,循序渐进,寻求二者的最优交叉点,充分利用二者的耦合协调性来促进当地装备制造业向绿色智能化转型。在加大环境规制力度的同时,要进一步增强装备制造企业的基础研究和原始创新,激发企业的自生能力,进而更好地发挥二者的协同作用。

第二,从企业的角度出发。装备制造业作为国民经济的支柱产业,产业关联度高,对其他行业的转型升级起着关键作用。因此企业需要提高自身的社会责任意识,调整发展战略,在进行技术创新活动时,不能只关注创新产出,追求经济效益,而要树立协同发展意识,追求经济与环境保护协调盈利模式,摒弃发展先行的理念。这要求企业在进行创新时,要准确把握创新发展的方向与趋势,审慎评价企业创新带来的新技术或新产品可能对环境带来的负向影响。企

业要从源头治理,进行绿色工艺或产品创新,对节能减排技术和环保型产品进行推广和应用。

四、优化产业结构,加快绿色高端智能制造

当前我国装备制造业仍存在结构性产能过剩、高端产品市场供给不足等问题,因此装备制造业要不断优化产业结构,大力发展高端装备,弃量求质,推进供给侧结构性改革。

一是加快传统产业改造升级,密切关注市场需求,把握创新投入方向,通过整合产业链资源,逐步引导各企业向高附加值环节转移。装备制造企业要充分利用大数据、人工智能、5G等先进的信息技术对企业传统的生产管理环节进行智能化改造升级,实现信息的快速交互,利用智能控制技术提高企业运行效率,实现能源的精细化管理模式,优化能源结构,进一步提高生产效率和资源利用率以降低能耗、物耗和生产成本,提升企业整体效益和竞争力,从而实现企业向绿色智能化转型。以船舶制造业为例,虽然我国已跻身世界造船大国行列,但在快速做大的同时船舶业也存在严重的产能过剩问题。目前,绿色造船和绿色制造已成为整个行业的发展方向,因此我国船舶业要大力发展技术含量高、污染少的智能制造先进技术,向智能船舶制造迈进,进而推动该行业的可持续发展。因此各行业要积极发展技术密集型高端装备制造,完善装备制造业的低碳节能环保体系,加快绿色制造,清洁生产,寻求新的产业增长点,避免在低端生产环节盲目过度投资,重复建设。

二是加强走出去与国际产能合作。有效需求不足也是造成产能过剩的原因。一方面,政府与企业要刺激国内需求,拉动内需。另一方面,我国应利用国外需求,借助"一带一路"国际产能合作,鼓励装备制造企业走出去,积极参与区域合作,大力开拓海外市场,充分利用沿线国家巨大的产能市场与旺盛的市场需求,将产业链中过剩的产能进行转移消化。

附　　表

附表 1　装备制造业细分行业 ML 指数测算结果

年份	细分行业	ML	MEC	MTC
2006	金属制品业	1.096723827	1.058746464	1.03587012
2006	通用设备制造业	1.123868673	1.088353989	1.032631555
2006	专用设备制造业	1.135283562	1.102152805	1.03006004
2006	交通运输设备制造业	1.121962131	1.09144298	1.027962204
2006	电气机械及器材制造业	1.145674709	1.682601123	0.68089501
2006	计算机、通信和其他电子设备制造业	1.047120365	1	1.047120365
2006	仪器仪表制造业	1.101274099	1.100349626	1.000840163
2007	金属制品业	1.141144003	1.150679925	0.991712794
2007	通用设备制造业	1.136947958	1.142350793	0.995270424
2007	专用设备制造业	1.159544828	1.165419164	0.994959465
2007	交通运输设备制造业	1.165877652	1.174907181	0.992314687
2007	电气机械及器材制造业	1.145171287	1	1.145171287
2007	计算机、通信和其他电子设备制造业	1.016632408	1	1.016632408
2007	仪器仪表制造业	1.089852043	1.092280569	0.997776646
2008	金属制品业	1.004897386	1.092885253	0.919490297
2008	通用设备制造业	1.03402202	1.130437703	0.914709423
2008	专用设备制造业	1.047887115	1.141954516	0.917625965
2008	交通运输设备制造业	0.990608026	1.842291369	0.537704319

续表

年份	细分行业	ML	MEC	MTC
2008	电气机械及器材制造业	0.988200742	1	0.988200742
2008	计算机、通信和其他电子设备制造业	0.923148651	1	0.923148651
2008	仪器仪表制造业	0.949914744	1.023791317	0.927840203
2009	金属制品业	1.033087607	0.976060215	1.0584261
2009	通用设备制造业	1.085614511	1.01844738	1.065950517
2009	专用设备制造业	1.164812102	1.11024007	1.049153362
2009	交通运输设备制造业	1.199203839	1	1.199203839
2009	电气机械及器材制造业	1.016923682	1	1.016923682
2009	计算机、通信和其他电子设备制造业	1.071802977	1	1.071802977
2009	仪器仪表制造业	1.032216015	0.921122044	1.120607222
2010	金属制品业	1.058850385	1.121341053	0.944271488
2010	通用设备制造业	1.036216942	1.08500482	0.955034414
2010	专用设备制造业	1.067818598	1.106891133	0.964700652
2010	交通运输设备制造业	1.087196299	1	1.087196299
2010	电气机械及器材制造业	1.059145259	1	1.059145259
2010	计算机、通信和其他电子设备制造业	0.984578239	1	0.984578239
2010	仪器仪表制造业	1.010537475	1.124813086	0.898404799
2011	金属制品业	1.14308409	0.980562889	1.165742761
2011	通用设备制造业	1.133738553	1.017010827	1.114775303
2011	专用设备制造业	1.142499707	1.029884119	1.109347824
2011	交通运输设备制造业	1.038587809	1	1.038587809
2011	电气机械及器材制造业	1.074937757	1	1.074937757
2011	计算机、通信和其他电子设备制造业	1.232759361	1	1.232759361
2011	仪器仪表制造业	1.220368974	0.951399178	1.282709721
2012	金属制品业	1.05964267	1.071013715	0.989382914

续表

年份	细分行业	ML	MEC	MTC
2012	通用设备制造业	0.992303044	0.929976138	1.067019898
2012	专用设备制造业	1.082511258	1.074001504	1.007923409
2012	交通运输设备制造业	1.047244605	1	1.047244605
2012	电气机械及器材制造业	1.027711139	1	1.027711139
2012	计算机、通信和其他电子设备制造业	1.019868943	1	1.019868943
2012	仪器仪表制造业	0.91948512	0.87988835	1.045002039
2013	金属制品业	1.032865746	0.931340456	1.109009857
2013	通用设备制造业	1.107429045	1.054950174	1.049745355
2013	专用设备制造业	1.061120836	0.979129166	1.083739382
2013	交通运输设备制造业	1.089760805	1	1.089760805
2013	电气机械及器材制造业	1.069932177	1	1.069932177
2013	计算机、通信和其他电子设备制造业	1.18730898	1	1.18730898
2013	仪器仪表制造业	1.112902109	0.993674358	1.119986743
2014	金属制品业	1.007364177	0.967025309	1.041714388
2014	通用设备制造业	1.051544665	0.988479815	1.063799836
2014	专用设备制造业	1.045765572	0.992396203	1.053778288
2014	交通运输设备制造业	1.123266851	1	1.123266851
2014	电气机械及器材制造业	1.090443432	1	1.090443432
2014	计算机、通信和其他电子设备制造业	1.106454236	1	1.106454236
2014	仪器仪表制造业	1.145548427	1.073698566	1.066918093
2015	金属制品业	1.131144825	1.006278746	1.124086969
2015	通用设备制造业	1.047338409	0.944173328	1.109264981
2015	专用设备制造业	1.099338592	0.963404366	1.141097789
2015	交通运输设备制造业	1.218103066	1	1.218103066
2015	电气机械及器材制造业	1.072509228	1	1.072509228

续表

年份	细分行业	ML	MEC	MTC
2015	计算机、通信和其他电子设备制造业	1.174158921	1	1.174158921
2015	仪器仪表制造业	1.126824301	1.024456296	1.099924228
2016	金属制品业	1.062359731	1.02460318	1.036849926
2016	通用设备制造业	1.056629672	1.018269946	1.037671471
2016	专用设备制造业	1.106052355	1.044737687	1.058689056
2016	交通运输设备制造业	1.327898113	1	1.327898113
2016	电气机械及器材制造业	1.43760146	1	1.43760146
2016	计算机、通信和其他电子设备制造业	1	1	1
2016	仪器仪表制造业	1.451983937	1.410769641	1.02921405
2017	金属制品业	0.908364809	0.908364809	1
2017	通用设备制造业	0.960396479	0.966889828	0.993284293
2017	专用设备制造业	0.952055518	0.968738208	0.982778949
2017	交通运输设备制造业	0.867195284	1	0.867195284
2017	电气机械及器材制造业	0.889882691	1	0.889882691
2017	计算机、通信和其他电子设备制造业	1	1	1
2017	仪器仪表制造业	1	1	1

附表2　装备制造业细分行业 SBM 测算数据

年份	细分行业	平均用工人数（人）	固定资产净值（现价）（亿元）	能源消费总量（万吨标准煤）	销售产值（现价）（亿元）	碳排放量（万吨）
2005	金属制品业	223.23	1340.55	2271.08	6440.93	1159.55
2005	通用设备制造业	248.26	1588	2632.41	8347.94	1196.49
2005	专用设备制造业	273.48	1949.9	2852.64	11214.3	1225.06
2005	交通运输设备制造业	327.17	2695.35	3023.79	14654	1330.39

续表

年份	细分行业	平均用工人数（人）	固定资产净值（现价）（亿元）	能源消费总量（万吨标准煤）	销售产值（现价）（亿元）	碳排放量（万吨）
2005	电气机械及器材制造业	319.31	3103.51	3227	15620.8	1807.96
2005	计算机、通信和其他电子设备制造业	344.64	3701.04	3804	19649.7	1695.02
2005	仪器仪表制造业	311.51	3996.9	3736	22882.5	1487.3
2006	金属制品业	341.74	5527.17	4164	28970.6	1996.62
2006	通用设备制造业	371.97	6400.48	4704	33207.4	2098.56
2006	专用设备制造业	380.12	8352.36	4808	36612.4	1771.83
2006	交通运输设备制造业	380.82	7586.51	4645	37671.7	1693.47
2006	电气机械及器材制造业	364.6	7770.88	4974	39335	1639.77
2006	计算机、通信和其他电子设备制造业	362.94	7258.25	6366	46567.29366	1461.44
2006	仪器仪表制造业	355.12	2373.63	2149.71	10331.8	2420.65
2007	金属制品业	378.74	2797.07	2406.23	13451.5	2674.88
2007	通用设备制造业	420.71	3427.19	2649.23	17962.9	2822.06
2007	专用设备制造业	493.21	4868.3	2758.11	23998.8	2690.98
2007	交通运输设备制造业	486.52	5515.74	3467	26715	4528.56
2007	电气机械及器材制造业	539.38	7199.99	3774	34262.9	4579.99
2007	计算机、通信和其他电子设备制造业	494.52	7189.2	4571	39992.2	5308.15
2007	仪器仪表制造业	485.33	7258.2	3619	37813.1	3680.09
2008	金属制品业	476.14	8368.2	3571	43314.8	3214.74
2008	通用设备制造业	489.62	9418.97	3632	47150.9	3088.53
2008	专用设备制造业	471.28	10032.4	3531	47172.7	2979.26
2008	交通运输设备制造业	449.34	10057.1	3665	48337.1	2911.13
2008	电气机械及器材制造业	429.025	9085.35	3636	55987.56003	2111.25
2008	计算机、通信和其他电子设备制造业	219.89	1614.54	1314.71	5894.54	1468.04
2008	仪器仪表制造业	234.65	1913.1	1438.19	7724.74	1545.83

续表

年份	细分行业	平均用工人数(人)	固定资产净值(现价)(亿元)	能源消费总量(万吨标准煤)	销售产值(现价)(亿元)	碳排放量(万吨)
2009	金属制品业	256.51	2286.29	1579.44	10294.9	1574.45
2009	通用设备制造业	308.43	3207.65	1630.28	14002.6	1629.91
2009	专用设备制造业	309.24	3642.14	1643	16351	1766.51
2009	交通运输设备制造业	334.22	4426.11	1902	20878.5	2005.84
2009	电气机械及器材制造业	323.41	4928.59	1949	25354.4	1678.2
2009	计算机、通信和其他电子设备制造业	337.755	5845.06	1853	28421.2	1328.7
2009	仪器仪表制造业	352.1	6939.35	1914	32467.8	1339.26
2010	金属制品业	355.02	7995.19	1986	35039	1324.4
2010	通用设备制造业	354.12	8462.34	1846	36185	1128.36
2010	专用设备制造业	342.44	8638.14	1739	37672.9	984.3
2010	交通运输设备制造业	328.7	7674.74	1691	44792.04141	821.33
2010	电气机械及器材制造业	352.4	4181.82	2043.13	15616.7	2406.39
2010	计算机、通信和其他电子设备制造业	374.58	4894.27	2247.85	19942	2510.9
2010	仪器仪表制造业	408.59	5888.32	2467.64	26549.4	2567.57
2011	金属制品业	473.14	7658.33	2732.58	32867	2815.38
2011	通用设备制造业	498.33	8783.06	3035	40793	2836.04
2011	专用设备制造业	573.72	10366.7	3782	54512.6	3091.62
2011	交通运输设备制造业	579.48	11736.7	4014	62256.4	3113.98
2011	电气机械及器材制造业	596.52	12765.8	3921	66172.6	3245.41
2011	计算机、通信和其他电子设备制造业	613.56	14691.5	4114	75377.4	3226.31
2011	仪器仪表制造业	670.58	16980.5	4050	84995.9	2824.25
2012	金属制品业	662.54	18801.3	4040	90161.3	2527.34
2012	通用设备制造业	665.27	20464.3	4143	100734	2262.67
2012	专用设备制造业	649.855	20556.7	4359	119721.7941	2337.66
2012	交通运输设备制造业	367.21	2385.88	1213.2	13564.9	662.8

续表

年份	细分行业	平均用工人数(人)	固定资产净值(现价)(亿元)	能源消费总量(万吨标准煤)	销售产值(现价)(亿元)	碳排放量(万吨)
2012	电气机械及器材制造业	403.98	2754.18	1353.04	17777	690.26
2012	计算机、通信和其他电子设备制造业	449.15	3257.77	1557.01	23398.2	695.3
2012	仪器仪表制造业	527.79	4358.77	1791.1	29643.8	801.63
2013	金属制品业	535	5157.5	2038	32558.6	1653.49
2013	通用设备制造业	604.3	6470.52	2347	42057.2	1614.12
2013	专用设备制造业	599.61	7336.95	2499	50141.6	1901.24
2013	交通运输设备制造业	611.41	8731.68	2511	54195.5	1709.24
2013	电气机械及器材制造业	623.21	9798.13	2606	61442.1	1743.65
2013	计算机、通信和其他电子设备制造业	637.82	10679.2	2587	66921.6	1597.57
2013	仪器仪表制造业	629.87	11336.6	2589	69558.2	1691.08
2014	金属制品业	621.94	12161.9	2623	74163.8	1404.52
2014	通用设备制造业	593.93	11640.2	2582	86874.7384	550.62
2014	专用设备制造业	439.64	4465.46	1482.64	26403.6	680.1
2014	交通运输设备制造业	505.07	5154.28	1754.05	32362.7	696.16
2014	电气机械及器材制造业	587.92	6169.51	1994.99	38538.2	713.19
2014	计算机、通信和其他电子设备制造业	677.31	7226.36	2197.44	42928.2	873.34
2014	仪器仪表制造业	663.64	7615.9	2229	43680.2	820.22
2015	金属制品业	772.75	10439.9	2547	54190.9	833.03
2015	通用设备制造业	819.48	9193.5	2650	62567.3	612.96
2015	专用设备制造业	849.99	10905.1	2689	69480.9	760.46
2015	交通运输设备制造业	880.5	12366.2	2802	78318.6	587.36
2015	电气机械及器材制造业	906.59	13152.9	2968	85274.8	580.94
2015	计算机、通信和其他电子设备制造业	909.26	13714.5	3149	91378.9	584.75
2015	仪器仪表制造业	890.26	15816.4	3377	98457.2	633.52

续表

年份	细分行业	平均用工人数（人）	固定资产净值（现价）（亿元）	能源消费总量（万吨标准煤）	销售产值（现价）（亿元）	碳排放量（万吨）
2016	金属制品业	894.155	17290.5	3662	111155.5088	637.94
2016	通用设备制造业	88.68	517.08	197.447	2736.76	117.43
2016	专用设备制造业	98.8	597.09	232.82	3471.54	103.76
2016	交通运输设备制造业	106.97	678.01	260.9	4238.64	106.69
2016	电气机械及器材制造业	116.48	822.75	284.976	4824.93	128.42
2016	计算机、通信和其他电子设备制造业	112.61	904.39	301	4976.78	163.01
2016	仪器仪表制造业	124.86	1140.44	359	6267.36	174.35
2017	金属制品业	124.49	1180.94	332	7444.16	128.91
2017	通用设备制造业	114.525	1163.94	326	6620.71	140.67
2017	专用设备制造业	104.56	1343.52	329	7521.52	139.63
2017	交通运输设备制造业	106.93	1476.46	318	8286.27	113.13
2017	电气机械及器材制造业	105.23	1661.6	316	8749.31	96.31
2017	计算机、通信和其他电子设备制造业	104.45	1797.89	309	9441.41	90.05
2017	仪器仪表制造业	96.035	1553.3	307	10615.9505	72.81
2018	金属制品业	223.23	1340.55	2271.08	6440.93	1159.55
2018	通用设备制造业	248.26	1588	2632.41	8347.94	1196.49
2018	专用设备制造业	273.48	1949.9	2852.64	11214.3	1225.06
2018	交通运输设备制造业	327.17	2695.35	3023.79	14654	1330.39
2018	电气机械及器材制造业	319.31	3103.51	3227	15620.8	1807.96
2018	计算机、通信和其他电子设备制造业	344.64	3701.04	3804	19649.7	1695.02
2018	仪器仪表制造业	311.51	3996.9	3736	22882.5	1487.3

参 考 文 献

Porter M E, Linde C V D, 1995. Toward a new conception of the environment-competitiveness relationship[J]. Journal of Economic Perspectives, 9(4): 97-118.

Burton D M, Gomez I A, Love H A, 2011. Environmental regulation cost and industry structure changes[J]. Land Economics, 87(3): 545-557.

程中华,李廉水,刘军,2017.环境规制与产业结构升级:基于中国城市动态空间面板模型的分析[J].中国科技论坛(2):66-72.

袁晓玲,李浩,邸勍,2019.环境规制强度、产业结构升级与生态环境优化的互动机制分析[J].贵州财经大学学报(1):73-81.

Wang Y, Sun X, Guo X, 2019. Environmental regulation and green productivity growth: empirical evidence on the Porter hypothesis from OECD industrial sectors[J]. Energy Policy, 132(9): 611-619.

刘和旺,刘博涛,郑世林,2019.环境规制与产业转型升级:基于"十一五"减排政策的DID检验[J].中国软科学,341(5):45-57.

Meng F, Xu Y, Zhao G, 2020. Environmental regulations, green innovation and intelligent upgrading of manufacturing enterprises: evidence from China[J]. Scientific Reports (1): 2045-2322.

李强,丁春林,2019.环境规制、空间溢出与产业升级:来自长江经济带的例证[J].重庆大学学报(社会科学版),25(1):17-28.

钟茂初,李梦洁,杜威剑,2015.环境规制能否倒逼产业结构调整:基于中国省际面板数据的实证检验[J].中国人口·资源与环境,25(8):107-115.

林秀梅,关帅,2019.环境规制对中国制造业升级的非线性影响:基于面板平滑迁移模型的经验分析[J].西安交通大学学报(社会科学版),39(4):1-8.

孙玉阳,穆怀中,范洪敏,等,2020.环境规制对产业结构升级异质联动效应研究[J].工业技术经济(4):89-95.

毛建辉,管超,2020.环境规制抑制产业结构升级吗? 基于政府行为的非线性门槛模型分析[J].财贸研究,31(3):29-42.

宋德勇,赵菲菲,2018.环境规制、资本深化对劳动生产率的影响[J].中国人口·资源与环境,28(7):159-167.

周霞,王雯童,2020.创新驱动高技术产业升级:基于省际面板数据研究[J].科技管理研究,40(10):10-18.

李鸿磊,黄速建,包龙飞,2018.以商业模式创新推动中国制造业转型升级:基于跨界构建价值网络的分析[J].经济体制改革(4):102-107.

Peneder M,2003. Industrial structure and aggregate growth[J]. 14(4):427-448.

周小亮,李婷,2017.技术创新与制度创新协同演化下促进经济增长的条件研究[J].东南学术(1):189-197.

赵玉林,谷军健,2018.技术与制度协同创新机制及对产业升级的协同效应[J].中国科技论坛(3):1-9.

黄寰,王玮,尹涛涛,2020.科技创新、环境规制与经济发展的空间效应研究:以长江经济带为例[J].华中师范大学学报(自然科学版),54(4):567-575.

高智,鲁志国,2019.装备制造业与高技术服务业融合发展对提升全要素生产率的影响[J].商业研究(7):42-49.

綦良群,高文鞠,2020.区域产业融合系统对装备制造业创新绩效的影响研究:吸收能力的调节效应[J].预测,39(3):1-9.

王层层,2020.辽宁装备制造业转型升级与智能化建设的系统动力学研究[J].科技管理研究,40(7):190-199.

黄耀宇,2019.中国装备制造业绿色全要素生产率的测算与分解:基于技术进步要素偏向视角[D].重庆:重庆师范大学.

曲振涛,林新文,2019.税式支出、激励路径与制造业转型升级[J].产经评论,10(4):95-108.

Tone K,2001. A slacks-based measure of efficiency in data envelopment analysis[J]. European Journal of Operational Research,130(3):498-509.

Fukuyama H,Weber W L,2009. A directional slacks-based measure of technical inefficiency[J]. Socio-Economic Planning Sciences,43(4):274-287.

Chung Y H,1997. Productivity and undesirable outputs:a directional distance function approach[J]. Journal of Environmental Management,51(3):229-240.

徐薛飞,王丽丽,陈尚,2020.不同技术创新形式在环境规制与工业绿色增长关系中的作用[J].科技进步与对策(19):68-76.

李斌,彭星,欧阳铭珂,2013.环境规制、绿色全要素生产率与中国工业发展方式转变:基于36个工业行业数据的实证研究[J].中国工业经济(4):56-68.

朱文涛,吕成锐,顾乃华,2019.OFDI、逆向技术溢出对绿色全要素生产率的影响研究[J].中国人口·资源与环境,29(9):63-73.

杜龙政,赵云辉,陶克涛,等,2019.环境规制、治理转型对绿色竞争力提升的复合效应:基于中国工业的经验证据[J].经济研究,54(10):106-120.

陈如洁,张鹏,杨艳君,2019.科技服务业发展水平对制造业升级影响的区域差异:基于劳动生产率的视角[J].中国科技论坛(7):96-106.

沈能,2012.环境效率、行业异质性与最优规制强度:中国工业行业面板数据的非线性检验[J].中国工业经济(3):56-68.

鞠可一,周得瑾,吴君民,2020.环境规制可以"双赢"吗?中国工业行业细分视角下的强"波特假说"研究[J].北京理工大学学报(社会科学版),22(1):21-28.

宋典,宋培,陈喆,2020.环境规制下中国工业绿色转型的技术路径选择:自主创新或技术外取[J].商业研究(2):101-110.

武运波,高志刚,2019.环境规制、技术创新与工业经营绩效研究[J].统计与决策,35(9):102-105.

程中华,李廉水,刘军,2017.环境规制与产业结构升级:基于中国城市动态空间面板模型的分析[J].中国科技论坛(2):66-72.

林春艳,孔凡超,孟祥艳,2017.人力资本对产业结构转型升级的空间效应研究:基于动态空间Durbin模型[J].经济与管理评论,33(6):122-129.

中华人民共和国国务院发展研究中心课题组,2018.传统产业数字化转型的模式和路径[R].北京:国务院发展研究中心.

安筱鹏,2019.重构:数字化转型的逻辑[M].北京:电子工业出版社:77-85.

童健,刘伟,薛景,2016.环境规制、要素投入结构与工业行业转型升级[J].经济研究,51(7):15.

金刚,沈坤荣,2018.以邻为壑还是以邻为伴?环境规制执行互动与城市生产率增长[J].管理世界,34(12):49-61.

孟祥宁,张林,2018.中国装备制造业绿色全要素生产率增长的演化轨迹及动力[J].经济与管理研究,39(1):105-115.

朱东波,2020.环境规制、技术创新与中国工业结构绿色转型[J].工业技术经济,39(10):57-64.

沈琼,王少朋,2019.技术创新、制度创新与中部地区产业转型升级效率分析[J].中国软科学(4):176-183.

周柯,王尹君,2019.环境规制、科技创新与产业结构升级[J].工业技术经济,38(2):137-144.

原毅军,谢荣辉,2014.环境规制的产业结构调整效应研究:基于我国省际面板数据的实证检验[J].中国工业经济(8):57-69.

赵爽,李萍,2016.环境规制、政府行为与产业结构演进:基于省级面板数据的经验分析[J].生态经济(10):36-39,50.

Roberts G M J, 1983. Environmental regulations and productivity growth: the case of fossil fueled electric power generation[J]. Journal of Political Economy, 91(4): 654-674.

Gray W B, 1987. The cost of regulation: OSHA, EPA and the productivity slowdown[J]. American Economic Review, 77(5): 998-1006.

Jaffe A B, Palmer K, 1997. Environmental regulation and innovation: a panel data study[J]. Review of Economics and Statistics, 79(4): 610-619.

Mulatu A, Gerlagh R, Dan R, et al., 2010. Environmental regulation and industry location in Europe[J]. Environmental & Resource Economics,45(4):459-479.

靳涛,2004.从新经济的兴起看技术创新与制度创新[J].南京社会科学(11):24-28.

战睿,王海军,孟翔飞,2020.企业创新生态系统的研究回顾与展望[J].科学与科学技术管理,41(5):179-197.

李万,常静,王敏杰,等,2014.创新3.0与创新生态系统[J].科学学研究(12):1761-1770.

史仲光,聂秀东,2019.装备制造业蓝皮书中国装备制造业发展报告[M].北京:社会科学文献出版社.

纪玉俊,李超,2015.创新驱动与产业升级:基于我国省际面板数据的空间计量检验[J].科学学研究,33(11):1651-1659.

付宏,毛蕴诗,宋来胜,2013.创新对产业结构高级化影响的实证研究:基于2000—2011年的省际面板数据[J].中国工业经济(9):56-68.

葛秋萍,李梅,2013.我国创新驱动型产业升级政策研究[J].科技进步与对策,30(16):102-106.

赵新华,李晓欢,2009.科技进步与产业结构优化升级互动关系的实证研究[J].科技与经济,22(4):12-16.

程晨,李贺,2018.环境规制与产业结构调整:一个非线性关系验证[J].河南社会科学,26(8):84-89.

高明,陈巧辉,2019.不同类型环境规制对产业升级的影响[J].工业技术经济,38(1):91-99.

刘在洲,汪发元,2021.绿色科技创新、财政投入对产业结构升级的影响:基于长江经济带2003—2019年数据的实证分析[J].科技进步与对策,38(4):53-61.

卢子宸,高汉,2020."一带一路"科技创新合作促进城市产业升级:基于PSM-DID方法的实证研究[J].科技管理研究,40(5):130-138.

余姗,樊秀峰,蒋皓文,2021.数字经济对我国制造业高质量走出去的影响:基于出口技术复杂度提升视角[J].广东财经大学学报,36(2):16-27.

张艳萍,凌丹,刘慧岭,2021.数字经济是否促进中国制造业全球价值链升级?[J].科学学研究(34):1-19.

吴画斌,2021.数字化背景下制造业企业转型升级路径及保障机制研究[J].改革与战略,37(3):58-65.

韦庄禹,李毅婷,武可栋,2021.数字经济能否促进制造业高质量发展?基于省际面板数据的实证分析[J].武汉金融(3):37-45.

王永龙,余娜,姚鸟儿,2020.数字经济赋能制造业质量变革机理与效应:基于二元边际的理论与实证[J].中国流通经济,34(12):60-71.

赵领娣,徐乐,2019.投入产出视角下工业技术创新的环境规制协同效应[J].北京理工大学学报(社会科学版),21(4):1-12.

上官绪明,葛斌华,2020.科技创新、环境规制与经济高质量发展:来自中国278个地级及以上城市的经验证据[J].中国人口·资源与环境,30(6):95-104.

黄寰,王玮,尹涛涛,2020.科技创新、环境规制与经济发展的空间效应研究:以长江经济带为例[J].华中师范大学学报(自然科学版),54(4):567-575.

邱国栋,马巧慧,2013.企业制度创新与技术创新的内生耦合:以韩国现代与中国吉利为样本的跨案例研究[J].中国软科学(12):94-113.

赵越,李英,孙旭东,2019.技术创新与制度创新协同驱动制造企业演化的实现机理:以光明家具为例的纵向扎根分析[J].管理案例研究与评论,12(2):166-180.

周叔莲,刘戒骄,2009.更加重视发展装备制造业[J].理论前沿(23):7-11.

汪应洛,2010.创新服务型制造业,优化产业结构[J].管理工程学报(1):2-5.

綦良群,王成东,2013.高新技术产业与装备制造业协调发展模式及测度研究[J].科技进步与对策(11):122-128.

牟绍波,任家华,田敏,2013.开放式创新视角下装备制造业创新升级研究[J].经济体制改革(1):175-179.

吕富彪,2014.装备制造业产业发展环境与技术创新问题研究:以辽宁科技型小微企业技术创新为例[J].科学管理研究,32(5):71-73.

单勤琴,2020.空间关联视角下协同创新对装备制造业产业结构升级的影响[J].系统工程,38(3):17-26.

孙灵希,曹琳琳,2016.中国装备制造业价值链地位的影响因素研究[J].宏观经济研究(11):59-71.

潘秋晨,2019.全球价值链嵌入对中国装备制造业转型升级的影响研究[J].世界经济研究(9):78-96,135-136.

郑国姣,常冉,2019.中国装备制造业服务化与绿色全要素生产率研究:基于新型国际分工下的GVC视角[J].技术经济与管理研究(10):3-8.

万志远,戈鹏,张晓林,2018.智能制造背景下装备制造业产业升级研究[J].世界科技研究与发展,40(3):316-327.

胡红安,仪少娜,2018.生产性服务业集聚对西部军民融合深度发展的影响:以西部装备制造业升级为例[J].科技进步与对策,35(4):138-145.

刘婵媛,李金叶,2020.ICT驱动装备制造业转型升级的路径:基于SBM-Tobit模型[J].企业经济(5):122-131.

植草益,1992.微观规制经济学[M].北京:中国发展出版社.

Solow R M,1956. A contribution to the theory of economic growth[J]. The Quarterly Journal of Economics,70(1):65-94.

约瑟夫·熊彼特,2015.经济发展理论[M].郭武军,吕阳,译.北京:华夏出版社:231.

靳涛,2004.从新经济的兴起看技术创新与制度创新[J].南京社会科学(11):24-28.

战睿,王海军,孟翔飞,2020.企业创新生态系统的研究回顾与展望[J].科学学与科学技术管理,41(5):179-197.

占华,2016.收入差距扩大是否加剧了中国的环境污染?基于省际碳排放的证据[J].南开经济研究(6):126-139.

徐建中,王曼曼,贯君,2019.动态内生视角下能源消费碳排放与绿色创新效率的机理研究:

基于中国装备制造业的实证分析[J].管理评论,31(9):81-93.

万璐,王子龙,2017.产业碳排放脱钩效应测度:基于中国装备制造业的实证分析[J].科技管理研究,37(3):215-221.

冯彦,汤旭,祝凌云,等,2017.中国碳排放与发展战略关系研究[J].软科学,31(12):34-38.

孙艳芝,沈镭,钟帅,等,2017.中国碳排放变化的驱动力效应分析[J].资源科学,39(12):2265-2274.

郗永勤,吉星,2019.我国工业行业碳排放效率实证研究:考虑非期望产出SBM超效率模型与DEA视窗方法的应用[J].科技管理研究,39(17):53-62.

田祎,2018.技术进步对碳排放效率的影响:基于35个工业行业[D].大连:东北财经大学.

王兵,杨欣怡,2019.中国工业行业全要素生产率分析(1981—2015年):波特假说的验证[J].产经评论,10(6):87-107.

李彬瑞,2020.外商直接投资、技术进步偏向对中国制造业碳排放的影响[D].郑州:河南财经政法大学.

孙焱林,温湖炜,2017.我国制造业产能过剩问题研究[J].统计研究,34(3):76-83.

皮建才,卜京,2019.需求不确定、经济下行与产能过剩[J].学术研究(8):92-97.

黄天航,赵小渝,陈凯华,2020.技术创新、环境污染和规制政策:转型创新政策的视角[J].科学学与科学技术管理,41(1):49-65.

胡安军,2019.环境规制、技术创新与中国工业绿色转型研究[D].兰州:兰州大学.

李翔,邓峰,2019.科技创新、产业结构升级与经济增长[J].科研管理,40(3):84-93.

郭捷,杨立成,2020.环境规制、政府研发资助对绿色技术创新的影响:基于中国内地省级层面数据的实证分析[J].科技进步与对策,37(10):37-44.